郑风韩韵

ZHENG FENG HAN YUN

郑韩故城
近出东周青铜器精粹

河南省文物考古研究院
武汉大学历史学院考古系　编著

河南省文物考古研究院图录戊种第 20 号

上海古籍出版社

本书为国家社科基金青年项目"郑国青铜器研究"（批准号：23CKG017）和"河南省四个分时期专题历史文化研究"项目的阶段性成果。

郑韩故城位于河南省新郑市，东周时期先后是郑国和韩国的都城，在长达数百年的时间里，郑人和韩人在郑韩故城城内及周边地区留下了丰富的文化遗存，因此郑韩故城被列为第一批全国重点文物保护单位，并有多项考古发现荣膺"全国十大考古新发现"。在这些丰富多元的文化遗存中，青铜器是当时生产技艺、审美风尚、礼乐制度的集中体现，最具文化代表性。窥一斑而知全豹，我们希望藉由郑韩故城周边出土的这批青铜器，使读者能够窥见两千多年前独具特色的郑韩风韵。

1923 年，新郑李家楼郑公大墓在偶然间被发现，经多人努力，该墓出土的青铜器得以尽数保存。此墓葬虽非科学发掘，但发现时间早，青铜器出土数量众多，器类丰富，组合相对齐全，且不乏如莲鹤方壶之类的重器，因此一经发现，就引起了海内外学术界的关注。学者们围绕其年代、艺术风格以及所涉及的礼乐制度、社会历史信息等，进行了广泛而深入的研究。时至今日，郑公大墓青铜器依然是研究东周列国青铜器编年、文化交流以及礼乐制度最重要的铜器群之一。其发现、收藏、著录和离散的历史，也反映了中国近现代史和学术发展史的坎坷历程[1]。李学勤先生在回顾郑公大墓的发现与中国考古学史时，认为"在中国考古学史上，这次发现永远应该特书一笔"[2]，此言不虚。

在郑公大墓发现前后，新郑都有青铜器被发现，但均未能得以保存[3]。在很长一段时间内，郑公大墓是研究郑韩故城出土郑国青铜器的唯一资料。及至建国后，新中国的考古学家，将考古发掘方法引入郑韩故城的考古工作中，于是在郑韩故城及周边陆续有青铜器被发现[4]。这当中，影响最大的，无疑是 20 世纪 90 年代，在郑韩故城东南部发现的郑国祭祀遗址群青铜礼乐器，从 1993 年到 1998 年，考古学者先后在金城路东段、城市信用社和中国银行新郑支行三个邻近的区域发现了多座郑国祭祀坑，尤其是中国银行新郑支行祭祀遗址，发掘面积大，遗迹现象丰富，发现的青铜礼乐器也最多。三个遗址共出土青铜礼乐器四百余件，包括成组的编钟、成套的列鼎和与之配套的簋和壶等[5]。此发现获评 1997 年全国十大考古新发现，对于研究郑国的国家祭祀行为、礼乐文化和制度、信仰体系等都具有重要意义。

新郑李家楼郑公大墓和郑国祭祀遗址群出土的青铜器，数量众多，器类丰富，组合方式清楚，使用者的身份等级也较为明确，对于研究郑国乃至东周时期的历史和文化，具有十分重要且深远的意义。然而，这两批青铜器时间上相对集中于春秋中晚期，使用者也主要为郑国的高等贵族，因此

1　李宏、夏志峰：《新郑彝器述略》，河南博物院等编：《新郑郑公大墓青铜器》，大象出版社，2001 年，第 24-31 页。
2　李学勤：《新郑李家楼大墓与中国考古学史》，河南博物院等编：《新郑郑公大墓青铜器》，大象出版社，2001 年，第 8-10 页。
3　赵舒琪主编：《黄帝故里新郑青铜器》，光明日报出版社，2017 年，第 18 页。
4　赵舒琪主编：《黄帝故里新郑青铜器》，光明日报出版社，2017 年，第 22-24 页。
5　赵舒琪主编：《黄帝故里新郑青铜器》，光明日报出版社，2017 年，第 24-25 页；关于中国银行新郑支行祭祀遗址的发现，参看河南省文物考古研究所编著：《新郑郑国祭祀遗址》，大象出版社，2006 年。

更早或者更晚阶段的铜器特征尚不明确，郑国的青铜器编年体系尚未建立，中低等级贵族的铜器使用情况也并不明晰，关于郑国青铜器研究仍有较多的学术空白需要填补。

21 世纪以来，随着基础设施建设的大规模开展，河南省文物考古研究院为配合基建开展了多项考古发掘工作，在郑韩故城及周边地区发掘了大量东周时期的墓地。这些墓地以中小型墓葬为主，随葬品也主要是陶器，但部分墓地仍有少量的铜器墓杂处其间。截止 2022 年底，二十余年间，河南省文物考古研究院已在郑韩故城及附近地区累计发现铜器墓六十余座，出土青铜容器二百余件，兵器、车马器等数百件。这批墓葬虽然单个墓葬出土青铜器并不多，仅一件到数件，但作为一个集合却不容小觑，所蕴含的社会历史信息更是丰富，能够一定程度上弥补上文所言学术空白。

首先，从时间上来看，这批墓葬最早的能早到西周晚期，最晚能晚至战国早期，中间的春秋早中晚时期也都有一定的数量，在年代序列上没有缺环。根据这批铜器资料，可以初步建立郑国铜器的年代框架，并为之后的发现提供参考依据。比如，郑公大墓发现百年来，对于其年代多有讨论，各方的主要论据并非这批铜器的形态本身，而是该墓出土的"王子婴次燎炉"铭文所对应的历史信息。究其原因，就是郑国铜器的年代框架没有建立。而这批材料的系统整理，将有望能从郑国铜器发展序列的角度进行研究，最终解决郑公大墓的年代问题。

其次，从文化面貌上，我们也能通过这批材料窥见不少社会历史信息。根据柴尔德和夏鼐对于"考古学文化"的定义，我们知道，考古学文化的核心现象是"组合"。在这批铜器墓中，我们观察到两次大的组合变化，由鼎＋某些器类的不固定组合，变为鼎＋盏＋舟的组合，再变为鼎＋敦＋舟＋盘＋匜的组合。这种组合的变化，既是考古学文化的变迁，也是礼仪规范变迁的标志，由此可以看到郑国低等级贵族文化特征形成的过程，也可以看到低等级贵族接受礼制并丰富礼仪内涵的过程。这个过程既有自身文化传统延续的脉络，也是受其他文化传统影响的结果。

再次，从文化交流的角度看，这批铜器资料除了具有鲜明的本地特色外，还有部分器物显然是来自当时的其他地区。如 2014 西城花园南苑小区 M338 所出铜舟、2014 西城花园南苑小区 M489 出土铜盖豆等，在郑国青铜器中所见极少，而在晋国青铜器中则较为多见，做工和形态也都与晋国所出同类器近似甚至雷同，我们有理由相信，这两件器物是从晋国输入的。这些器物表明，郑国与周边国家存在深入而广泛的文化交流。至于这些器物是通过婚姻、战争、贸易、馈赠，还是其他方式流入郑国，则是我们需要进一步思考解答的问题。

最后，从制作工艺的角度，我们也能获得一些新的认识。这批铜器资料，大部分都是铸造的，但也有一部分是采用热锻工艺锻造成型的。我们之前曾介绍过 2014 西城花园南苑小区 M338 所出鼎、敦的器身主体器壁极薄，质量极轻，应为锻造而成，金相分析也支持了我们的这种判断。而这座墓的年代是春秋晚期的晚段，这两件热锻而成的铜器"是目前发现最早的薄壁热锻铜鼎和铜敦，开锻造复杂青铜容器的先河"[1]。除了 2014 西城花园南苑小区 M338 外，我们还在其他墓葬中发

1　河南省文物考古研究院、武汉大学历史学院考古系：《河南新郑市侯家台墓地三座东周墓》，《考古》2022 年第 10 期。

现了薄壁热锻的器物，如 2015 康富威 M223 出土的匜和舟、2011G107 改道三里堂 M62 出土的盘和匜等，尤其是 2015 公立医院 M139，所出铜鼎、铜敦、铜舟、铜盘、铜匜皆为热锻而成，说明薄壁热锻技术在郑国有了很大的发展并被广泛运用。这一技术选择，当与郑国没有铜矿资源、铜料需要从其他地区输入有关。无独有偶，除了薄壁热锻铜器外，郑国中小型墓葬中出土的铸造而成的铜器，与其他国家的铸造铜器相比，也显得壁薄质轻，这一现象也指向铜料资源的稀缺性。

以上只是我们对这批郑国中小型墓葬出土铜器的粗略认识，这已经在一定程度上增进和改变了我们对郑国青铜器的认识，相信随着这批青铜器的系统整理和深入研究，将会有更多的新认识呈现给学界，深化对于郑国青铜器乃至东周列国青铜器的认识。不过，由于这批资料分散在各个墓地，发现时间先后延续二十余年，加之部分出土遗物因残破而有待修复，给我们的整理和研究带来不少困难。为了能够将这批资料尽早呈现给学界，我们择其精要出版此图录，让学界先睹为快。同时，正式的考古报告编撰工作和各项检测研究也在进行中，不久将会全面呈现给大家。

需要说明的是，这些铜器墓，都是在配合新郑市的基础设施建设而进行的考古发掘工作中发现的，在发掘之时，为了方便记录，往往采用基建工地的名称进行命名。在以往发布材料时，我们会对墓地名称进行调整，以街道、村庄等行政区划小地名命名，以免因为基建工地在后续使用过程中改变名称而造成混淆。如 2004 年配合新郑市防疫站建设发现的铜器墓，在发表时就以所在道路"郑韩路"命名[1]；2014 年配合西城花园南苑小区建设发现的墓地，发表时就以村庄命名[2]。此次编撰图录时，我们考虑到配合基建是新中国成立以来考古发掘工作重要的特征之一，体现了考古人利用自身专业技术参与现代化建设的一种方式，这本身也是考古学科发展史的一部分，因此我们全部保留了发掘时所用的基建工地名称。这就可能导致少数之前已发表材料的墓地名与本图录中所显示的不符合，请读者在阅读时注意分辨。

此外，在编撰图录时，我们曾考虑过以墓地和墓葬为单位，进行逐一介绍，并附统计表罗列各墓葬的出土遗物，以便读者能够对出土铜器的墓葬有较为全面的了解。但是，并非所有墓葬出土的铜器都被收录进本书，有些残破待修的器物并未收录；而且，除了青铜器外，大多数墓葬还出土有陶器、玉石器等其他材质的器物，这些器物也未收入本书。所以，我们放弃了以墓地和墓葬为单位进行介绍的形式，而是按照器类进行逐一介绍，同一器类则根据发掘年代的早晚进行先后排列，这样虽然破坏了同一单位出土器物的整体性，但方便读者根据器类考察这批青铜器资料的文化特征。我们正在努力编写这批铜器墓的考古报告，届时再将这些青铜器的完整考古学背景呈现给大家。

1　河南省文物考古研究所新郑工作站：《新郑市郑韩路 6 号春秋墓》，《文物》2005 年第 8 期。
2　河南省文物考古研究院、武汉大学历史学院考古系：《河南新郑市侯家台墓地三座东周墓》，《考古》2022 年第 10 期。

目 录

001

立耳弦纹鼎

春秋
出自 2003 热电厂 M1
口径 22.4、通高 20.2 厘米

仰折沿，方唇，弧腹，圜底；双立耳长方形，外撇；三蹄足近柱形，中空，截面呈马蹄形，略内聚。腹部饰一周凸弦纹。

002

附耳弦纹鼎

春秋
出自 2003 兴弘 M35
口径 25.6、通高 32 厘米

盖窄折沿，方唇，弧顶，顶上有一环形提手，由六根铜条承托；器身敛口，方唇，弧腹，圜底近平；双附耳长方形，由双兽仰天吐舌相连而成；三蹄足中空，截面近圆形。器身饰四道较粗的凸弦纹，其中最上面一道凸弦纹承盖；耳面饰两条吐舌龙纹，龙身折曲呈三角形，足根部饰蟠螭纹；盖面饰三道凸弦纹，抓手饰环曲纹。

003

立耳简化兽面纹鼎

春秋
出自 2003 兴弘 M42
口径 21.7、通高 25.2 厘米

仰折沿，方唇，微鼓腹，圜底近平；双立耳长方形，较直；三蹄形足中空，截面呈马蹄形。腹上部两周凸弦纹，弦纹间有六组、每组两个乳钉纹，形成简化的兽面纹，足根部亦饰简化兽面纹。

004

立耳窃曲纹鼎

春秋
出自 2004 兴弘 M121
口径 33.2、通高 30.4 厘米

仰折沿，方唇，微鼓腹、圜底近平；双立耳方形，略
外撇；三蹄足中空，截面近圆形，足尖略内聚。腹
部饰一周凸弦纹，将器腹分为上、下两部分，上腹
部饰一周窃曲纹。

005

附耳蟠虺纹鼎

春秋
出自 2004 防疫站 M6
口径 20.2、通高 18.8 厘米

盖直口方唇，弧顶，上有三卧牛钮和两道凸弦
纹；器身卷沿，方圆唇，鼓腹，圜底近平；方
附耳外撇；三矮蹄足略外撇。盖顶纹饰分为内、
中、外三区，内区饰一对首尾相接的龙纹，中
区和外区各饰一组蟠虺纹；器腹上部饰蟠虺纹
和凸弦纹各一圈；器耳饰两组 S 形纹及三角纹。
器外底及下腹部有烟炱痕。

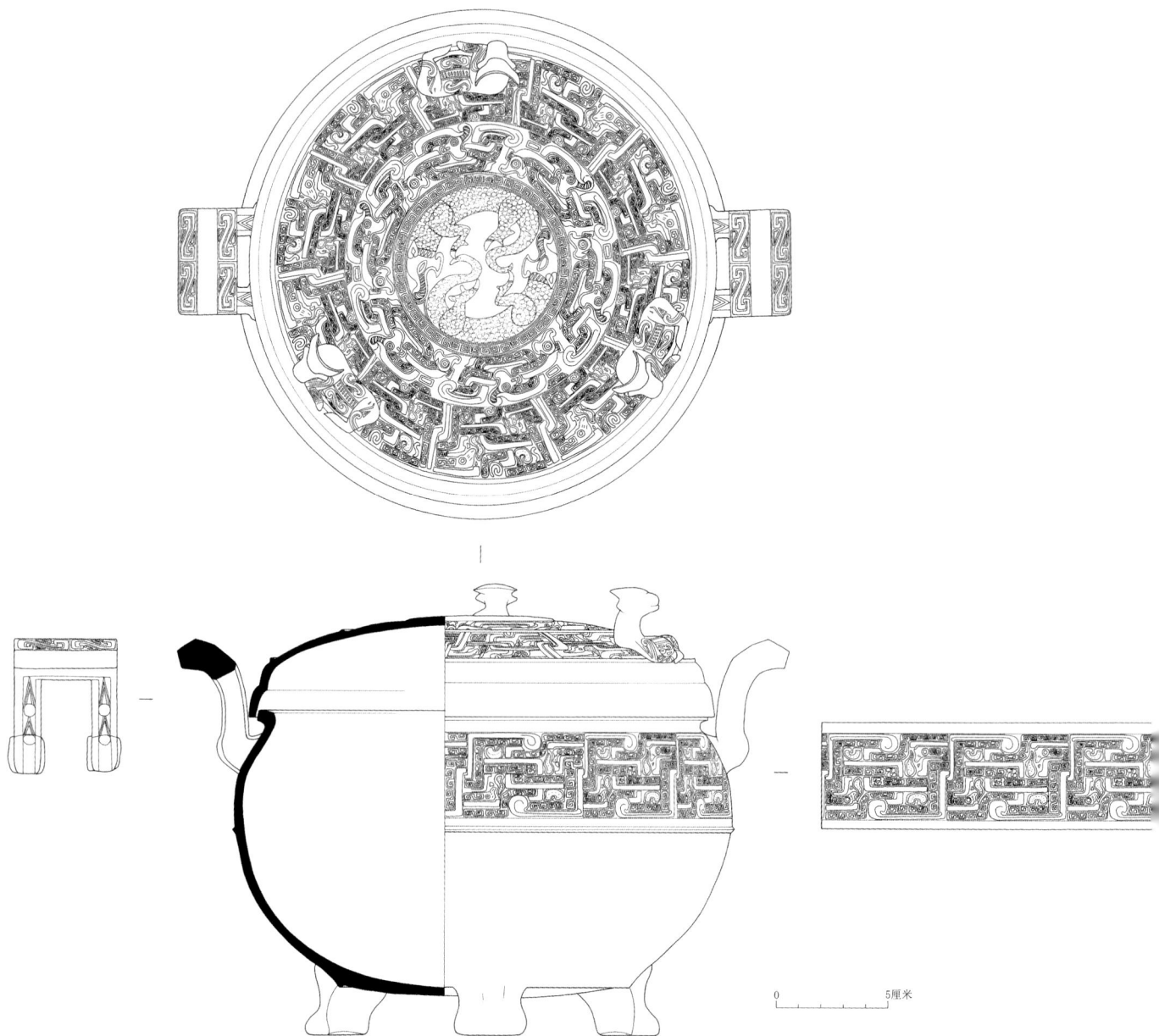

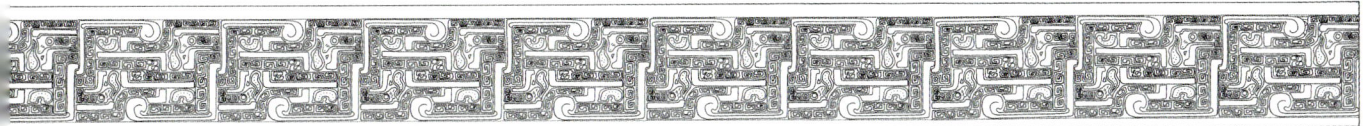

006

附耳弦纹鼎

战国
出自 2008 中华北路 M42
口径 21.2、通高 17.1 厘米

盖折沿方唇，顶微弧，顶上有三个环形钮，盖沿有三个楔形扣钉；折沿外侈，方唇，弧腹，平底；方附耳外侈，内侧饰三角云纹；蹄足较矮，截面呈半圆形，微外撇。盖顶饰两周凸弦纹，器腹中央饰一周凸弦纹。

007

附耳弦纹鼎

春秋
出自 2010 龙湖兴田 M3
口径 18、通高 17.4 厘米

盖折沿方唇，弧顶，盖顶中央有一镂空捉手，由多条无头蟠蛇交缠连环而成，盖沿有三个楔形
扣钉；器身折沿外侈，方唇，弧腹，平底；方附耳耳尖外折；矮蹄足，蹄尖明显。盖顶饰两周
凸弦纹，耳尖饰三角纹及卷云纹，器腹中部饰一周凸弦纹。

008

附耳蟠虺纹鼎

战国
出自 2011G107 改道三里堂 M62
口径 21、通高 21.9 厘米

盖折沿方唇，弧顶，顶上有四个卧牛钮；卧兽上饰斜三角纹。器身子口承盖，方唇，弧腹，圜底近平；方附耳外侈，三兽蹄足较直，截面呈马蹄形。口部有一道凸起的箍，器腹饰一道凸弦纹，凸弦纹上下各有一圈蟠虺纹；耳内外两面均饰有三角云纹，耳侧边和耳尖饰一周绞索纹；足根部一组兽面纹；盖面饰三圈蟠虺纹和两道凸弦纹。底部和三足有较多的烟炱痕。

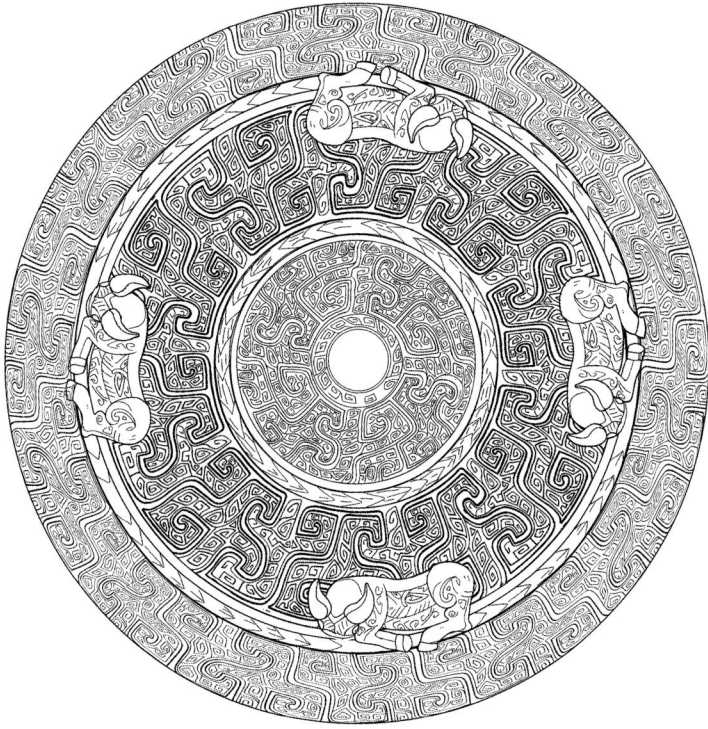

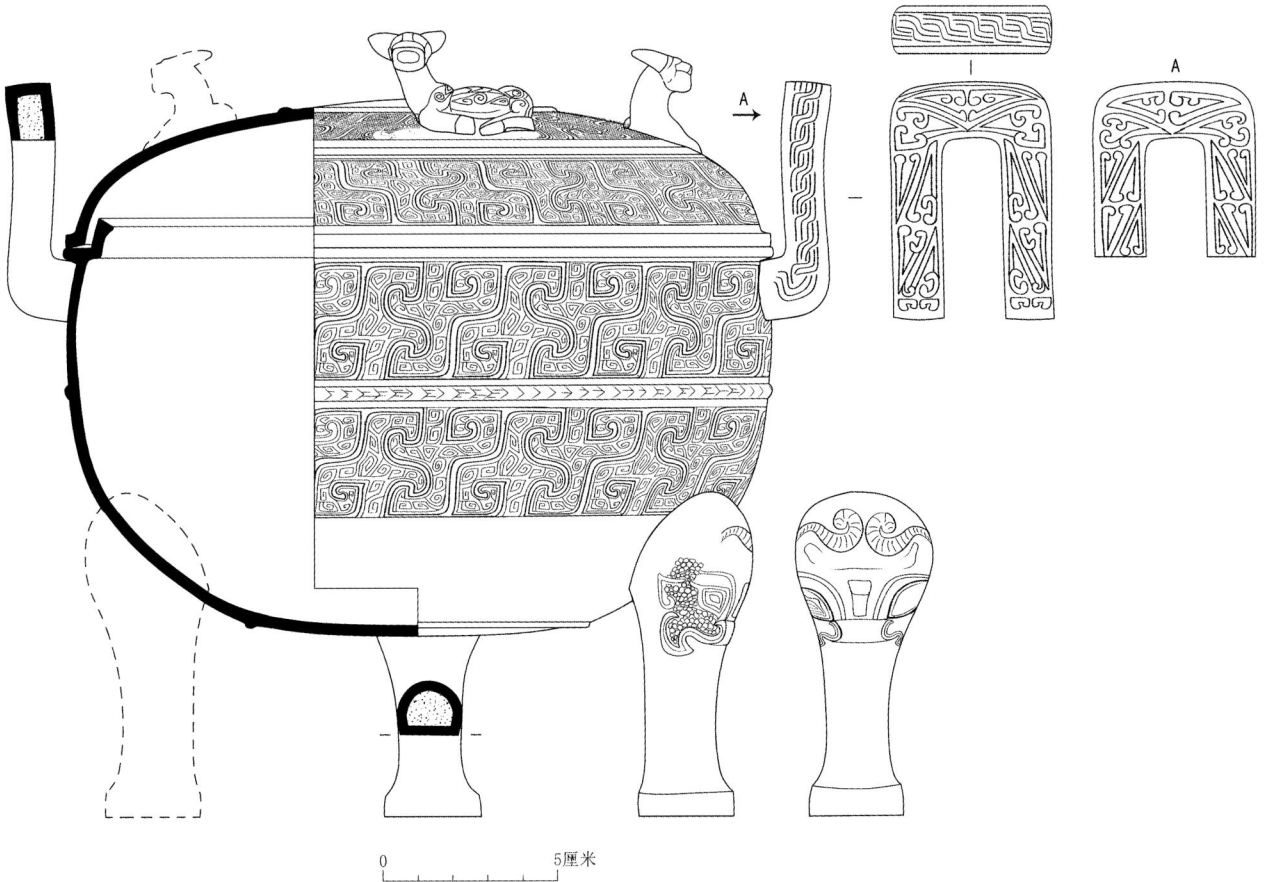

0 ⸺⸺⸺⸺⸺ 5厘米

009

立耳斜云纹鼎

春秋
出自 2011 房管局经适房 M75
口径 22.7、通高 27.8 厘米

卷沿，尖唇，垂鼓腹，圜底；拱形立耳，耳尖微外侈；三蹄足较高较直，截面呈马蹄形。腹部饰三道凸弦纹，上两道之间饰一周三角斜云纹。器腹、器底和三足上有较多烟炱。

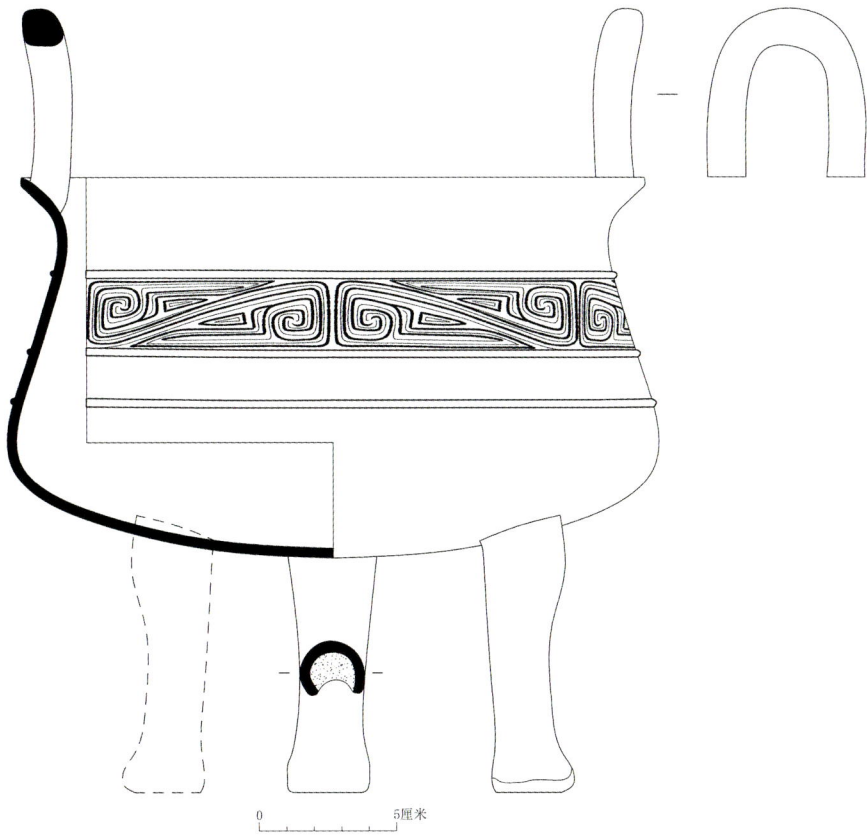

0   5厘米

010

附耳蟠虺纹鼎

春秋
出自 2012 弘远路 M10
口径 31.8、通高 39.5 厘米

盖弧壁，方唇，弧顶，顶上有四个卧牛钮及一个环形提手，提手为衔环六螭分身相连而成；子口承盖，方唇，弧腹，深圜底；方附耳，耳尖外侈；三蹄足较高，截面呈马蹄形；腹部饰两圈半蟠虺纹，蟠虺纹下为三角纹，三角纹内填蟠虺纹；耳内侧饰蟠虺纹，外侧饰几何纹；足根部饰兽面纹和一道扉棱；盖面饰两周蟠虺纹。

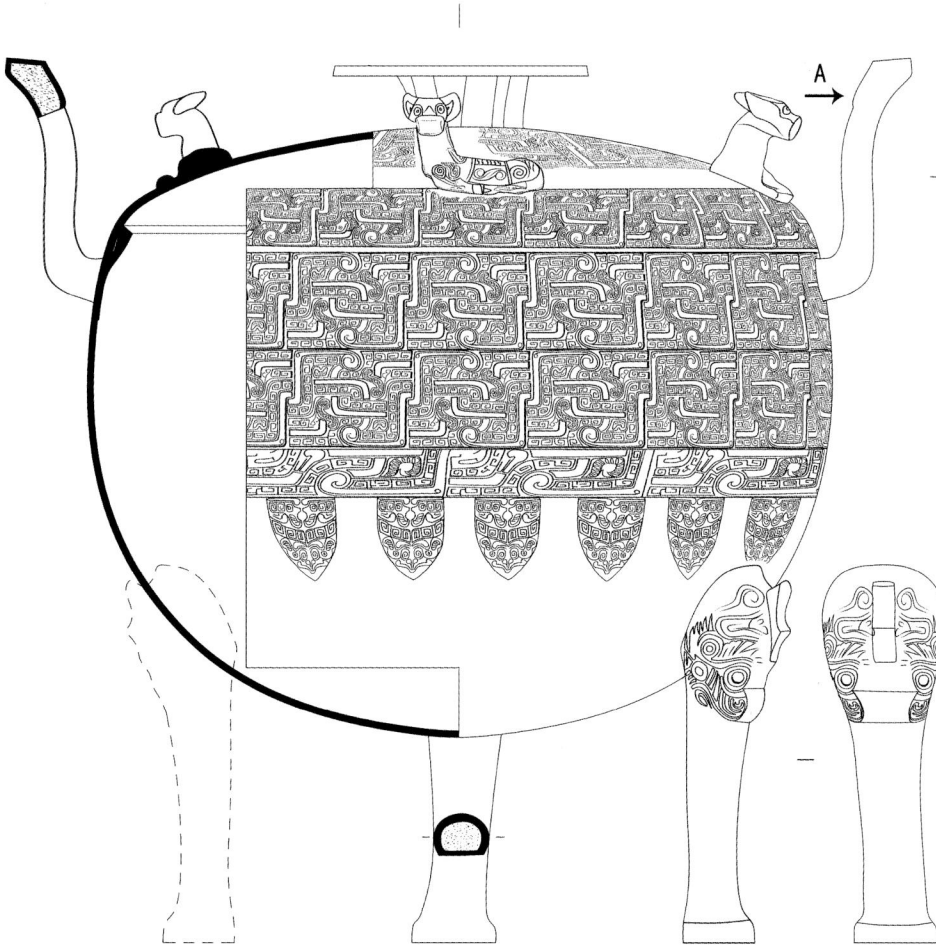

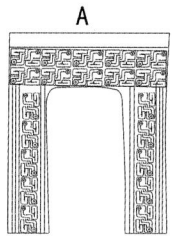

0 _____ 5厘米

012
立耳重环纹鼎

西周
出自 2014 合一正 M139
口径 22.0 厘米，腹径 21.4 厘米，高 24.0 厘米

仰折沿，方唇，微鼓腹，圜底近平；双立耳方形；三蹄足粗壮。上腹部饰一周重环纹纹。

013

附耳弦纹鼎

战国
出自 2014 西城花园南苑小区 M149
口径 19.4、通高 16 厘米

盖折沿方唇，弧顶，上有三个环形钮，盖沿
有三个楔形扣钉与器身扣合；器身折沿外侈，
方唇，弧腹，圜底；附耳外侈，耳尖外折；
矮蹄足，截面呈半圆形。盖顶和器腹各有二
道凸弦纹；耳内侧饰有纹饰，漫灭不清。

014

附耳弦纹鼎

战国
出自 2014 西城花园南苑小区 M277
口径 29、通高 31.5 厘米

盖折沿尖唇，弧顶，沿外侧等距离分布有三个楔形扣钉与器身扣合，盖顶有三卧牛钮和一个环形提手，提手由六根铜条承托；器身折沿微仰，方唇，弧腹，圜底；方形附耳，外侈，耳尖外折；三兽蹄足较高，截面呈马蹄形。盖顶有两道凸弦纹，提手上饰回形纹；腹部有一道凸弦纹；耳面上纹饰不甚清晰。

015

附耳弦纹鼎

战国
出自 2014 西城花园南苑小区 M383
口径 22、通高 24.2 厘米

盖折沿方唇，弧顶，顶部有一环形捉手，由六根弯曲的铜条承托；籍口，方唇，唇下有籍，深弧腹，圜底；方附耳，微外侈；三蹄足较瘦高，截面呈马蹄形；盖面饰两周凸弦纹，捉手饰重环纹；器腹有两道凸弦纹；耳内外两侧均饰有三角纹。

016

附耳弦纹鼎

春秋
出自 2014 西城花园南苑小区 M436
口径 37.4、腹径 38.0、通高 42.7 厘米

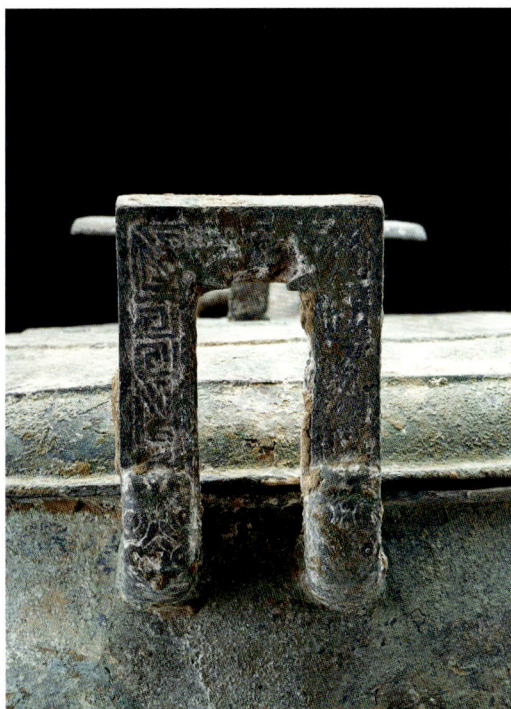

盖折沿方唇，顶微弧，沿上有三个楔形扣钉与器身扣
合，盖顶中央有一环形捉手，由六根铜条承托；器身
仰折沿，较窄，方唇，深弧腹，圜底；方形附耳较直，
由双兽仰天吐舌相连而成；三蹄足较高，足根处有一
扉棱，截面呈马蹄形。腹部有二道凸弦纹；盖顶有三
道凸弦纹，捉手上饰云雷纹；耳面饰云雷纹。

017

附耳弦纹鼎

战国
出自 2014 西城花园南苑小区 M580
口径 20.5、通高 16.3 厘米

盖折沿方唇、弧顶，盖顶有三环形钮，盖沿有三个楔形扣钉与器身扣合；器身折沿外侈，方唇，弧腹，平底；方附耳，耳尖外折；矮蹄足，截面马蹄形。盖顶有两周凸弦纹，器腹有一道凸弦纹，耳内侧饰三角云纹。

018

附耳素面鼎

战国
出自 2014 西城花园南苑小区 M606
口径 20.5、通高 18.5 厘米

盖折沿尖唇，顶微弧，沿上有三个楔形扣钉与器身扣合，盖顶有三个卧牛钮；器身仰折沿，方唇，弧腹，浅圜底；方附耳略外撇，耳尖外折；三兽蹄足较细，截面半圆形。盖顶边缘有一道凸弦纹，盖顶中间为两道凸棱围起来的一个纹饰圈，圈内有云雷纹地纹，地纹上外圈为三条曲龙逆时针方向首尾相连，内圈为一组涡纹；耳面上有雷纹和柿蒂纹等纹饰。

019

附耳弦纹鼎

———

春秋
出自 2014 西城花园南苑小区 M609
口径 26.6、通高 33.4 厘米

盖折沿方唇，顶微弧，盖顶有一环形捉手，捉手由六根弯曲的铜条承托；器身敛口，方唇，唇下有箍，深弧腹，深圜底；方附耳直立，由双兽仰天吐舌相连而成；三兽蹄足较高，粗壮，截面呈马蹄形，足根部有一条纵向扉棱；盖面上有两周凸弦纹；捉手饰重环纹，铜条饰多组斜向三角纹；腹部有两周凸弦纹；耳内外两侧均饰有多组三角纹。

020

附耳弦纹鼎

春秋
出自 2014 西城花园南苑小区 M662
口径 21、通高 24.5 厘米

盖折沿方唇，顶弧顶，环形捉手，捉手由四根弯曲的铜条承托；器身敛口，斜方唇，唇下有箍，深弧腹，圜底；方附耳较直，由双兽仰天吐舌相连而成；三蹄足较细高，截面呈马蹄形。盖面上饰两周凸弦纹；捉手饰重环纹；器腹上有两道凸弦纹，耳内外两侧均饰雷纹。

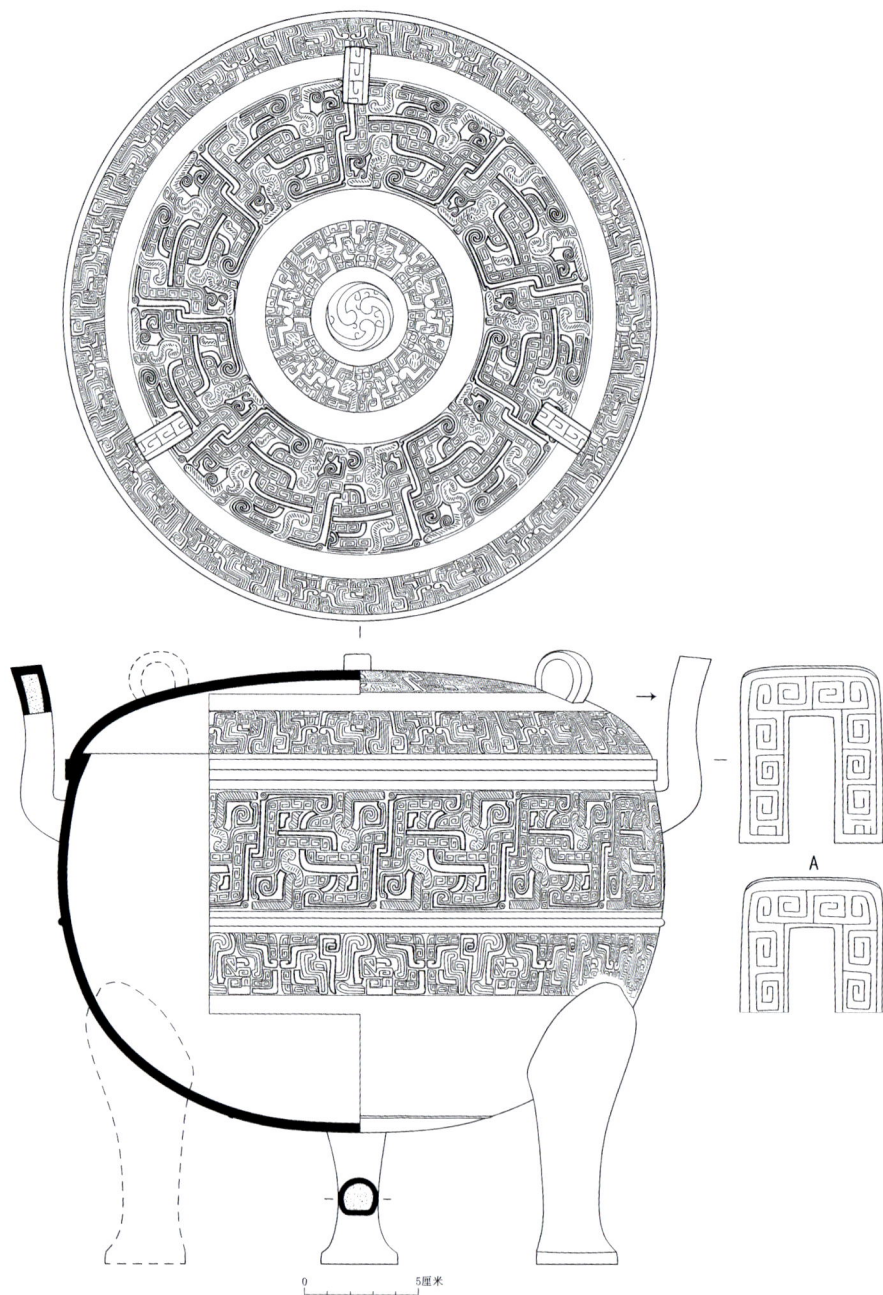

0   5厘米

021

附耳蟠螭纹鼎

战国
出自 2014 西城花园南苑小区 M672
口径 24.5、通高 26.1 厘米

盖折沿方唇，弧顶，顶上有三个圆形钮；箍口承盖，内敛，方唇，弧腹，圜底近平；方附耳微外侈；三兽蹄足较直，截面呈马蹄形。盖面饰三圈盘螭纹，盖顶中央饰涡纹，圆钮上饰变形云纹；器腹饰一道凸弦纹，凸弦纹上下各有一圈蟠螭纹；耳内外两面均饰有雷纹。

022

附耳弦纹鼎

战国
出自 2014 西城花园南苑小区 M850
口径 20.5、通高 19.6 厘米

盖折沿方唇，弧微顶，顶上有三环形钮，盖沿有
三个楔形扣钉与器身扣合；器身折沿外侈，方唇，
弧腹，平底；方附耳，耳尖外折；矮蹄足微外撇，
截面呈半圆形。盖顶有两周凸弦纹，器身饰一周
凸弦纹，耳内侧饰三角云纹。

023

附耳蟠虺纹鼎

春秋
出自 2014 西城花园南苑小区 M931
口径 20.1、通高 25.5 厘米

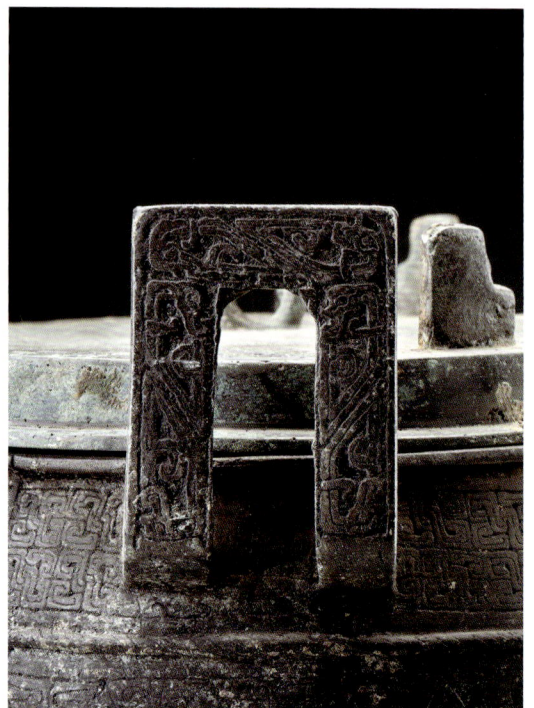

盖折沿方唇，折壁，平顶，盖顶有三个 "L" 形钮和一环
形钮；器身箍口内敛，圆唇，深弧腹，底近平；方形附
耳，微内倾；三兽蹄足短粗，截面近圆形。腹部以一道
纹索状凸棱分为上下部分，上腹部饰一周蟠虺纹，下腹
部饰倒三角纹；盖面饰两圈蟠虺纹，环形钮上有绚纹；
耳面饰蜷缩螭纹。器身和底部有较多的烟炱。

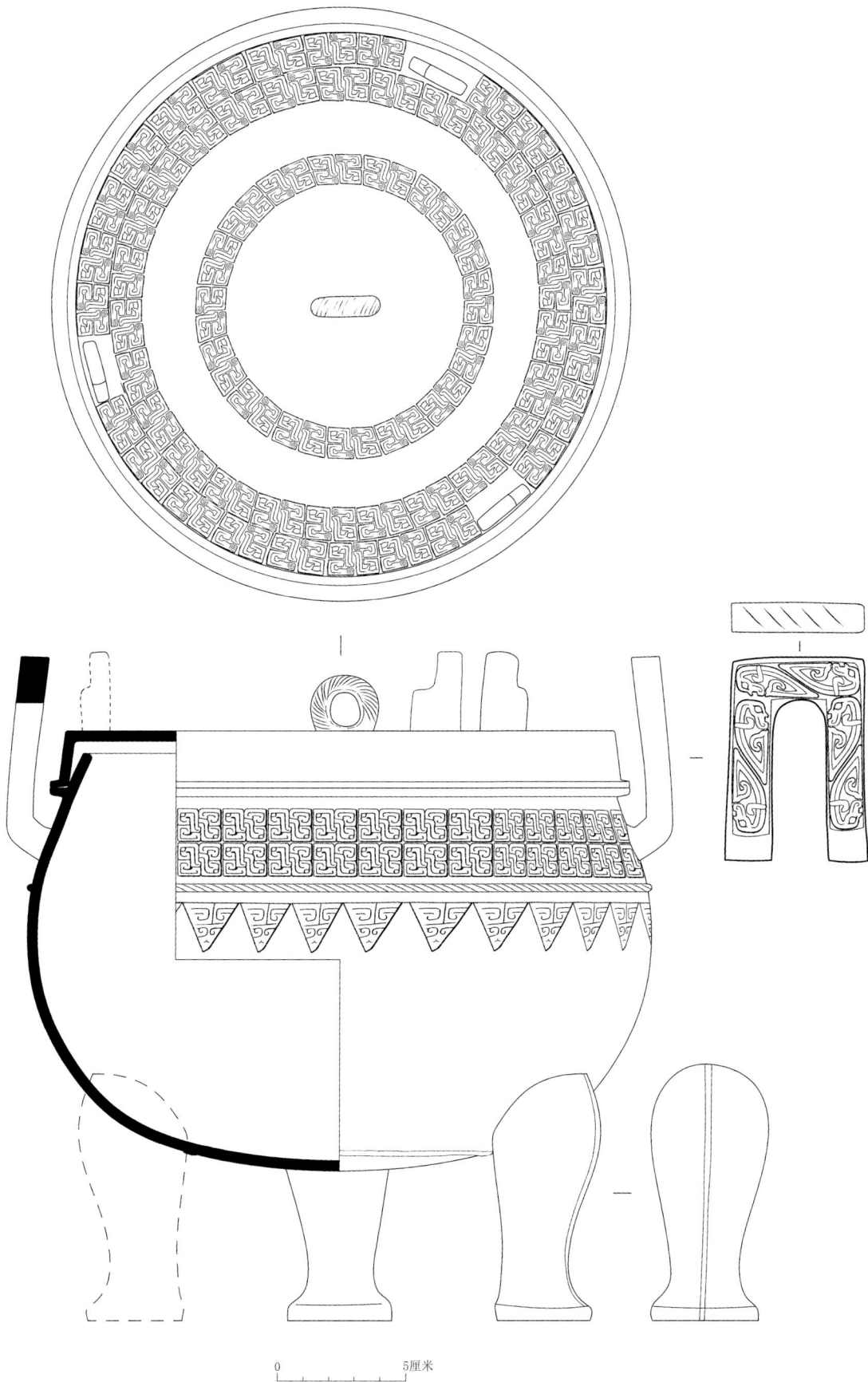

0   5厘米

024

附耳素面鼎

战国
出自 2015 公立医院 M139
口径 21.8、通高 19.4 厘米

盖残；器身子口承盖，方唇，弧腹，圜底；方形附耳较直；三蹄足较细，外撇。通体素面。

025

附耳弦纹鼎

战国
出自 2015 梨河中心社区 M60
口径 12.4、通高 10 厘米

盖残；器身折沿外侈，方唇，弧腹，平底；方附耳外侈；蹄足较矮，截面呈半圆形。腹部饰一周凸弦纹，耳内侧饰三角云纹。

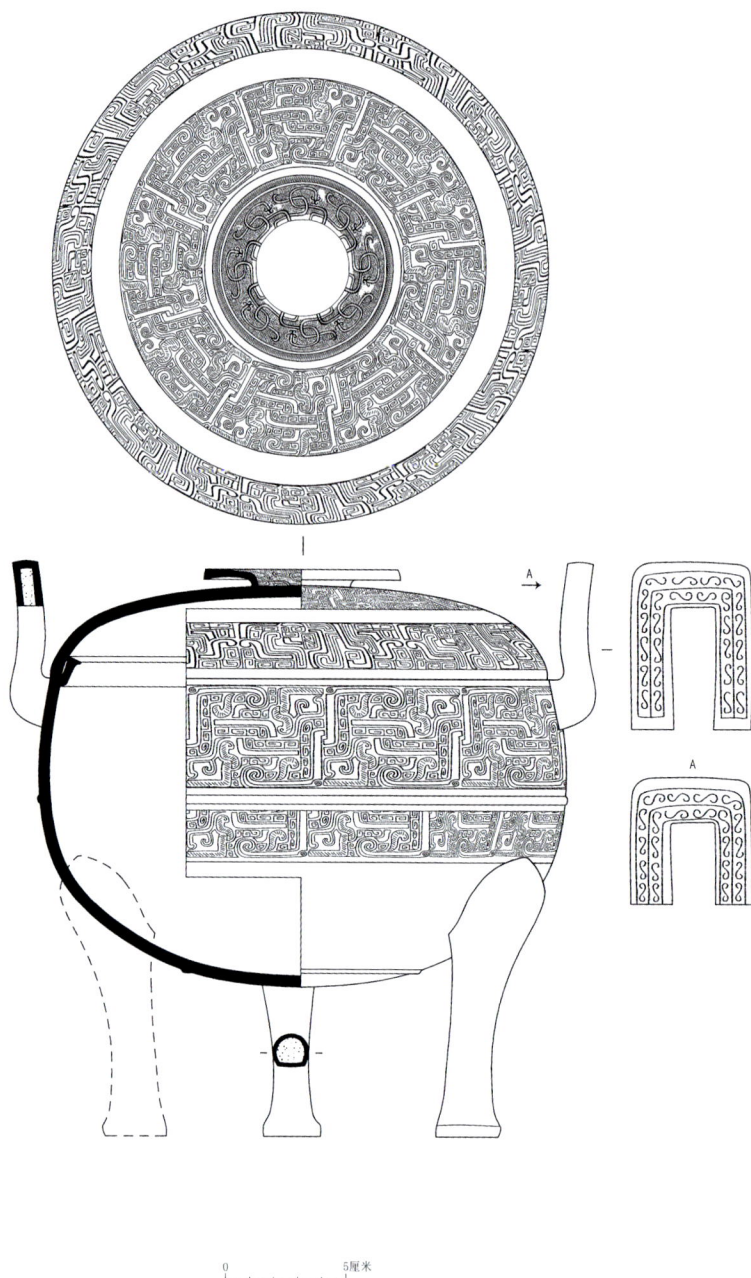

026

附耳蟠虺纹鼎

战国
出自 2015 梨河中心社区 M69
口径 19.5、通高 23.1 厘米

盖方唇，弧壁，近平顶，顶上有圈足状捉手；子口承盖，方唇，弧腹，圜底；方附耳，较直；三蹄足较瘦高，截面呈马蹄形。盖面饰两周蟠虺纹，捉手饰蟠螭纹；腹部饰一周凸弦纹，凸弦纹上下各有一圈蟠虺纹；耳内外两侧均饰有 S 形纹。底部保留有明显的烟炱痕。

027

附耳雷纹鼎

春秋
出自 2016 康富威 M39
口径 29.2、通高 26.8 厘米

仰折沿，方唇，腹微弧，圜底；附耳较大，由中腹部向
上弧收，耳尖较厚；三兽蹄足较直，足尖明显，截面呈
半圆形，两足内侧有凹槽。上腹部饰一周雷纹，下腹部
有一道凸弦纹。底部和足上保留有较多烟炱。

028

附耳弦纹鼎

春秋
出自 2016 康富威 M218
口径 19.2、通高 15.6 厘米

盖折沿方唇，弧顶，顶上有环形提手，由五根铜条承托，盖沿有三个楔形扣钉与器身扣合；器身折沿微仰，方唇，
弧腹，圜底；方附耳微外侈；矮蹄足，足截面呈半圆型。腹部有一周凸弦纹，盖顶有两周凸弦纹。

029

附耳弦纹鼎

春秋
出自 2016 康富威 M223
口径 21 厘米，通高 21.7 厘米

盖折沿方唇，顶微弧，顶上有环形捉手，捉手由四根弯曲的铜条承托；器身敛口、斜方唇，唇下有箍，深弧腹圜底；方附耳较直；三蹄足较细高，截面呈马蹄形。盖面上饰两周凸弦纹，捉手上饰重环纹；腹部有两道凸弦纹。

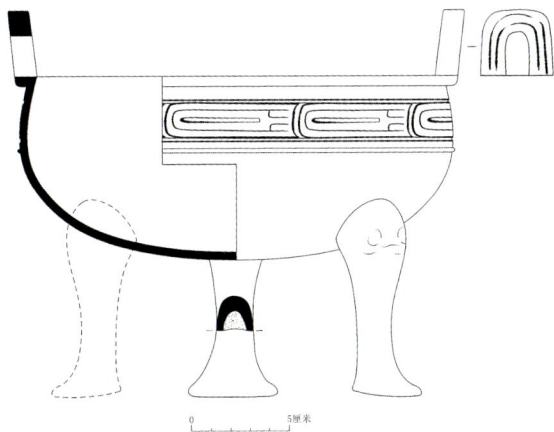

030

立耳重环纹鼎

春秋
出自 2019 仓城小学 II 区 M31
口径 22.6、通高 19.1 厘米

折沿方唇，浅弧腹，浅圜底；立耳较小，微外撇；三蹄足较直，足根和足尖明显，截面呈半圆形，足内侧有一道凹槽。上腹部饰一周重环纹和一道凸弦纹。底部保留有较多烟炱。

031

附耳弦纹鼎

春秋
出自 2020 新京蓝苑 II 区 M191
口径 22、通高 26.8 厘米

盖折沿圆唇，折壁，平顶，盖顶有一个桥形捉手和三个"丫"字形钮；子口、方唇、弧腹、平底；方附耳微外弧；三蹄足较粗壮，截面呈马蹄形。腹部饰一周凸弦纹，足根部饰蟠龙纹和一道纵向扉棱，耳饰绚纹。底部和足上有烟炱痕迹。

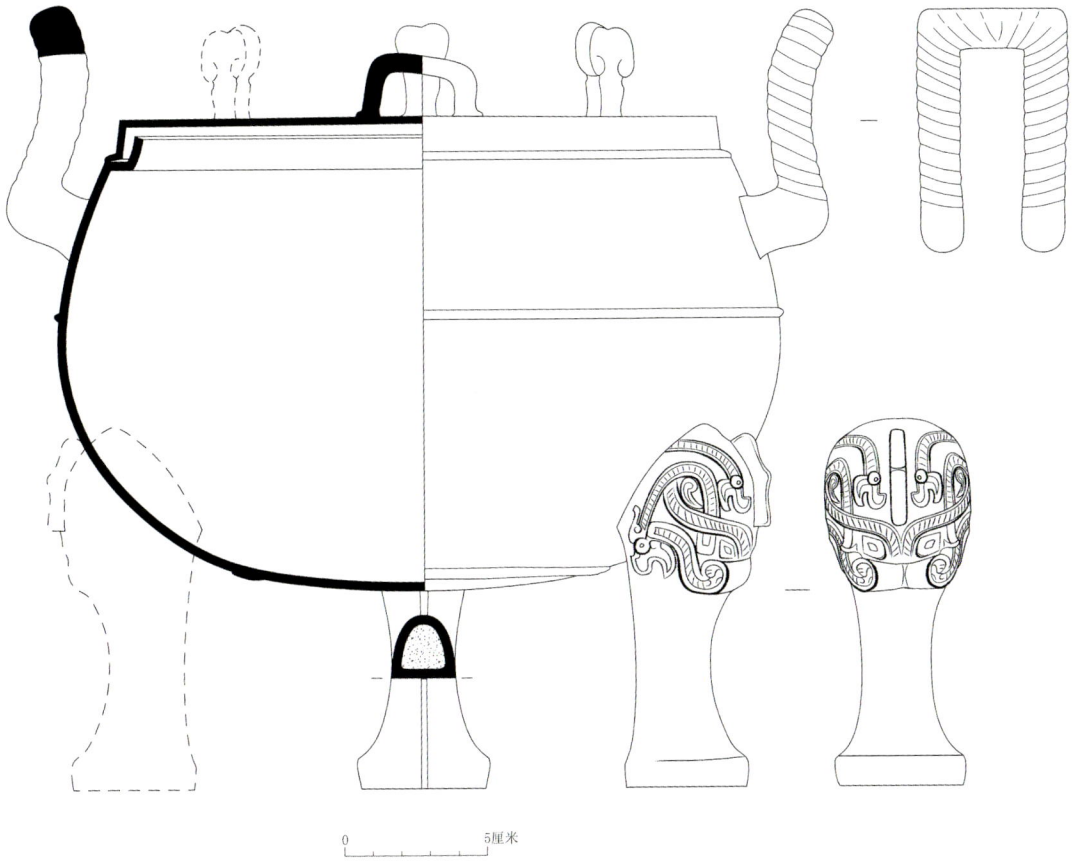

0　　　　　5厘米

032

附耳蟠虺纹鼎

春秋
出自 2021 黄帝故里景区 M33
口径 26.4，通高 35 厘米

盖折沿方唇，顶微弧，盖顶上有四个环形钮，盖顶中央有一个六螭衔环捉手；器身口微敛，方唇，唇下有箍承盖；深弧腹、平底；双附耳长方形，由双兽仰天吐舌相连而成；三兽蹄足较粗壮，截面呈马蹄形。盖顶中央为涡纹，涡纹外有一圈蟠虺纹；盖面以三周绚纹将盖面分为四圈纹饰带，由内而外依次为云纹纹饰带、蟠虺纹纹饰带、蟠虺纹纹饰带和填蟠虺波曲纹纹饰带；腹部以三周绚纹将纹饰区分为四圈纹饰带，由上而下依次为蟠虺纹纹饰带、蟠虺纹纹饰带、蟠虺纹纹饰带和填蟠虺波曲纹纹饰带；耳面饰蟠虺纹，足根部饰兽面纹和绚纹。

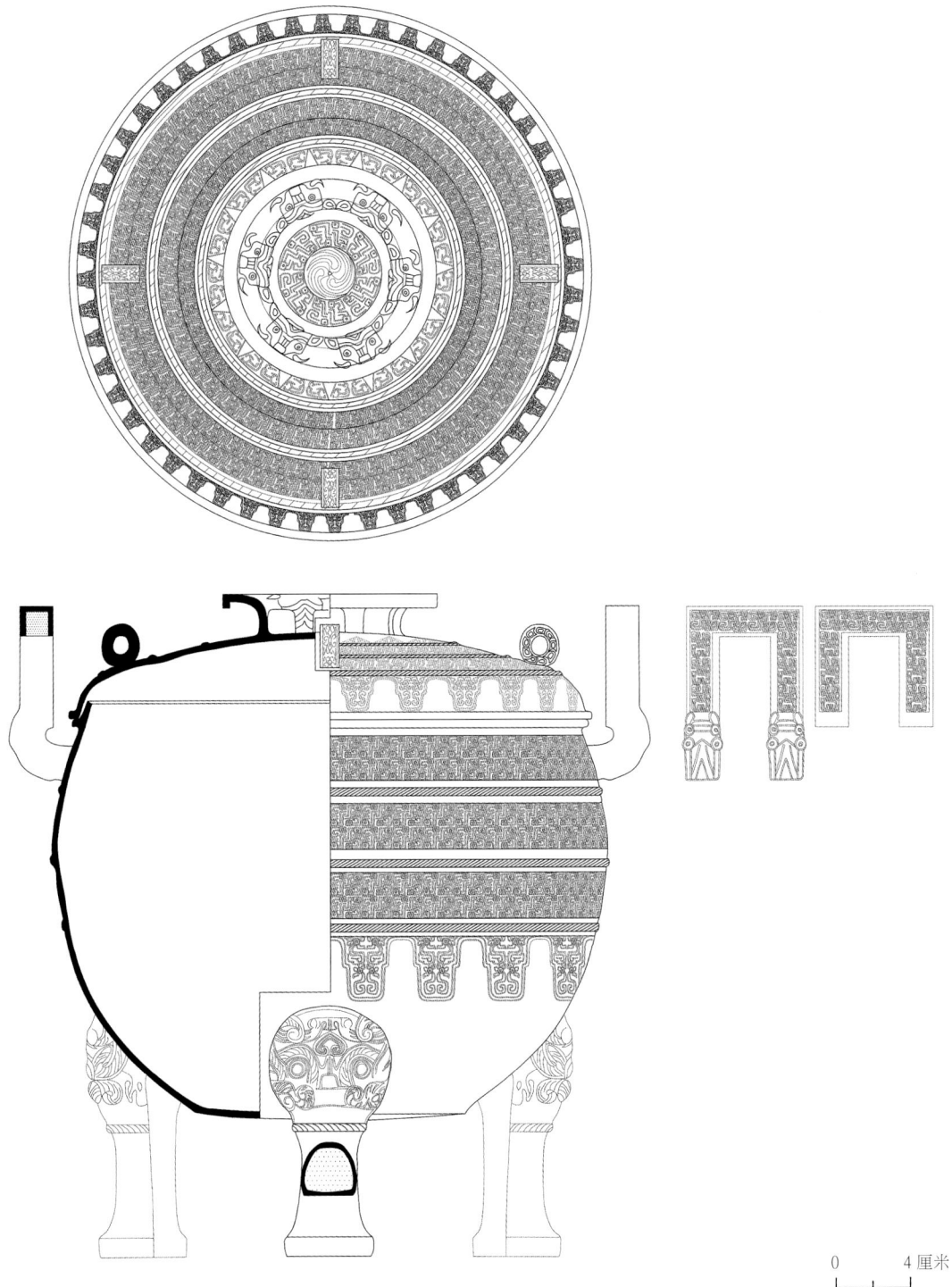

0   4厘米

033

附耳蟠虺纹鼎

春秋
出自黄帝故里景区 M33
口径 29.4、通高 33 厘米

盖折沿方唇，顶微弧，盖顶中央有一个环形捉手，由六根弯曲的铜条承托；器身口微敛，方唇，唇下有箍承盖；深弧腹，圜底；双附耳长方形，由双兽仰天吐舌相连而成；三兽蹄足较粗壮，截面呈马蹄形。盖顶中央为涡纹、涡纹外有一圈蟠虺纹；捉手上饰云雷纹；盖面以二周凸弦纹将盖面分为三圈纹饰带，由内而外依次为蟠虺纹纹饰带、蟠虺纹纹饰带和云雷纹纹饰带；腹部以二周凸弦纹将纹饰区分为二圈纹饰带，均为蟠虺纹纹饰带；耳面饰蟠虺纹，足根部饰兽面纹和绹纹。

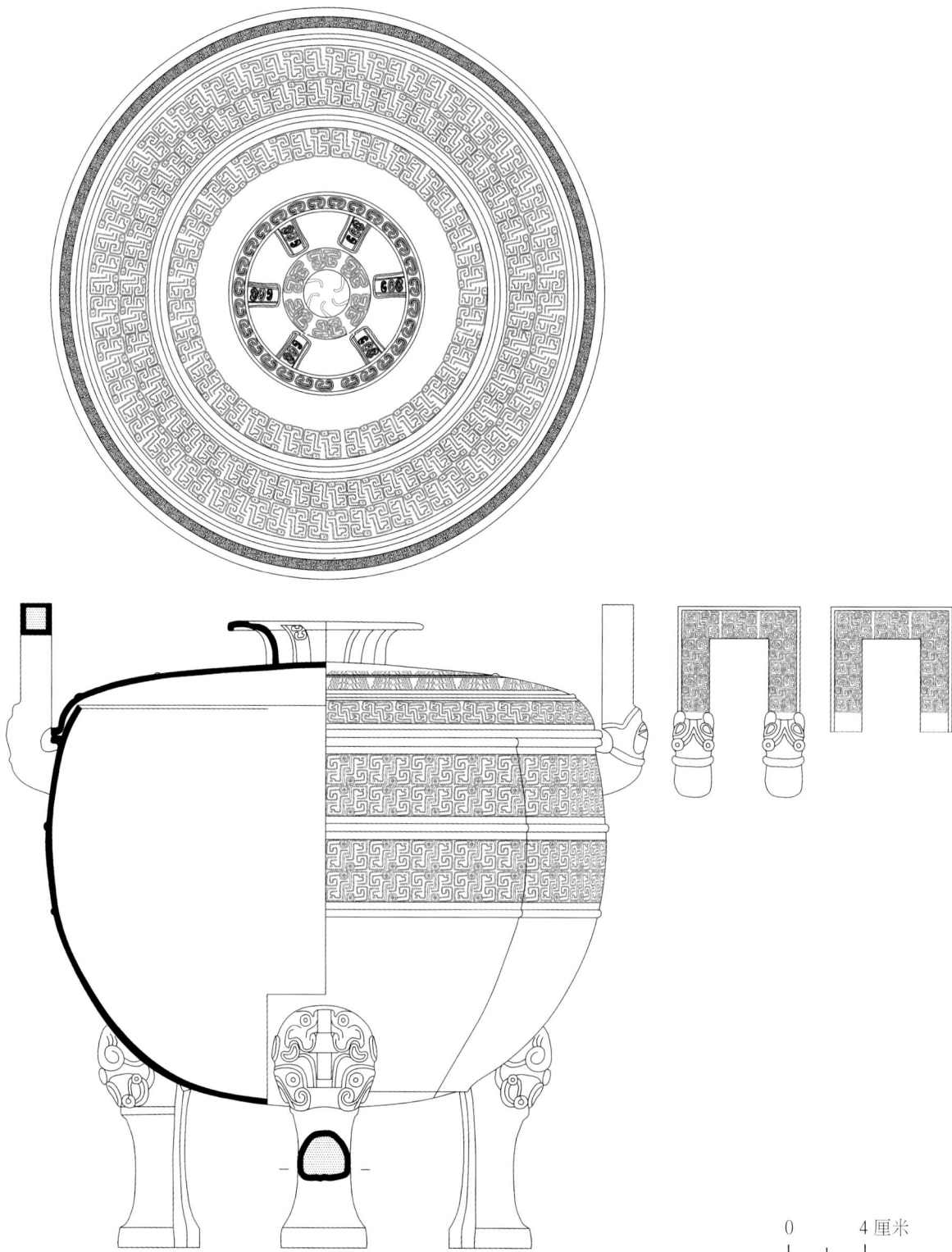

0   4厘米

034

附耳蟠虺纹鼎

春秋
出自 2021 黄帝故里景区 M33
口径 26.4 厘米、通高 30.8 厘米

盖折沿方唇，顶微弧，盖顶中央有一个环形捉手，由六根弯曲的铜条承托；器身口微敛，方唇，唇下有箍承盖；深弧腹，圜底近平；双附耳长方形，由双兽仰天吐舌相连而成；三兽蹄足较粗壮，截面近圆形。盖顶中央为涡纹、涡纹外有一圈蟠虺纹；捉手上饰云雷纹；盖面以二周绹纹将盖面分为三圈纹饰带，由内而外依次为蟠虺纹纹饰带、蟠虺纹纹饰带和云雷纹纹饰带；腹部以二周绹纹将纹饰区分为三圈纹饰带，由上而下依次为蟠虺纹纹饰带、蟠虺纹纹饰带和云雷纹纹饰带；耳面饰蟠虺纹，足根部饰兽面纹和绹纹。

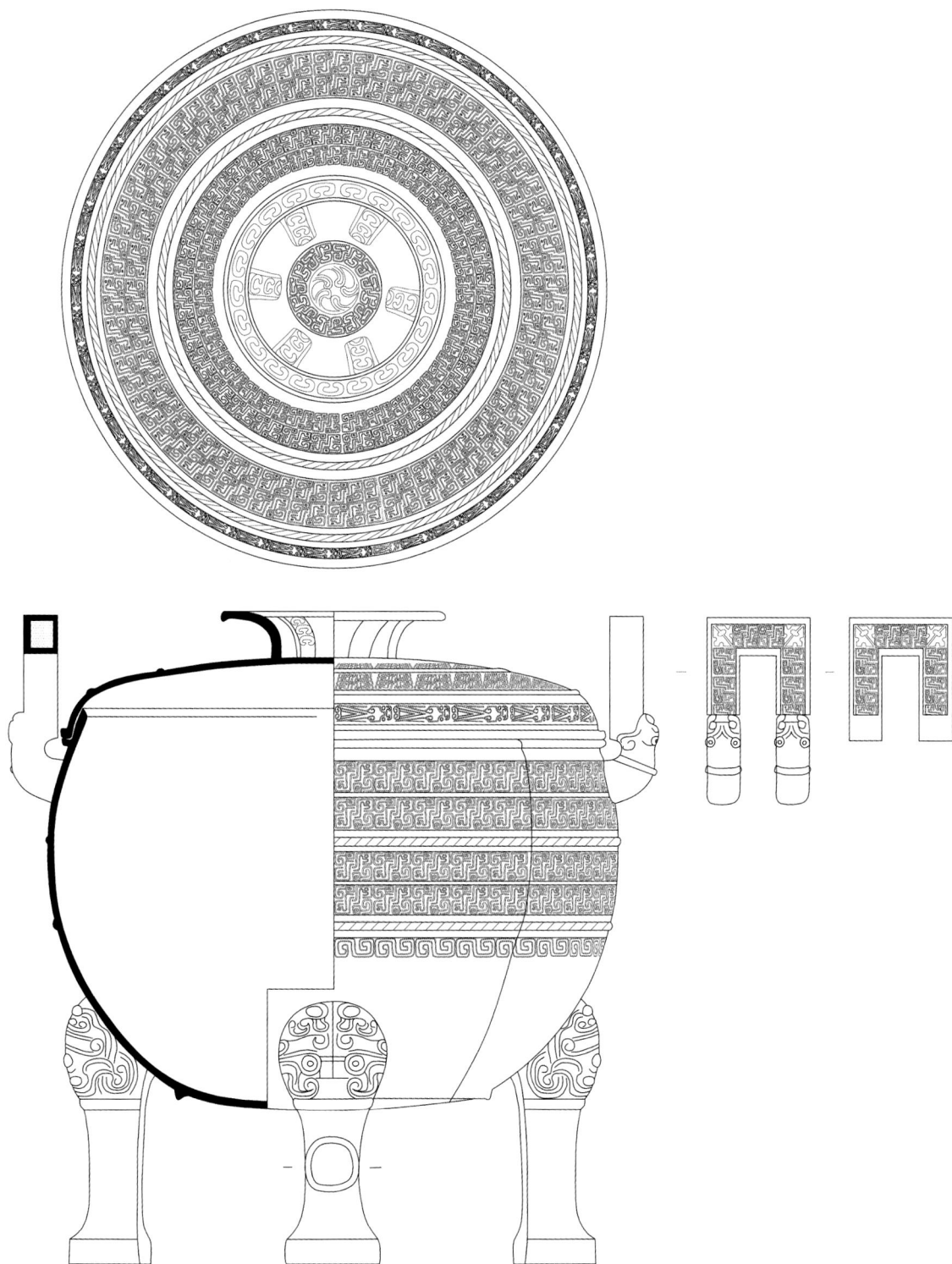

0 ____ 4 厘米

035

平底素面敦

春秋
出自 2003 热电厂 M40
口径 23.7、底径 13.2、通高 13.4 厘米

盖折沿方唇，弧顶，沿面有三个楔形扣钉与器身
扣合，顶部有一圈足状捉手；器身卷沿圆唇，短
斜颈，弧腹，平底微凹；腹部有对称环耳。通体
素面。

036

三足弦纹敦

春秋
出自 2003 兴弘花园 M35
口径 20.8、底径 8.9、通高 17 厘米

盖折沿方唇，弧顶，沿上有三个方形扣钉与器身扣合，盖顶有四个环形钮，盖顶中央有一环形捉手，捉手为衔环六螭分身相连而成；器身折沿方唇，束颈、弧腹、底近平；颈和腹相交处有一对对称的兽形耳，上腹部有一对环形钮；三兽蹄足，截面呈马蹄形。盖面和器身分别有两道凸弦纹，足根部饰缠绕的蟠螭纹。

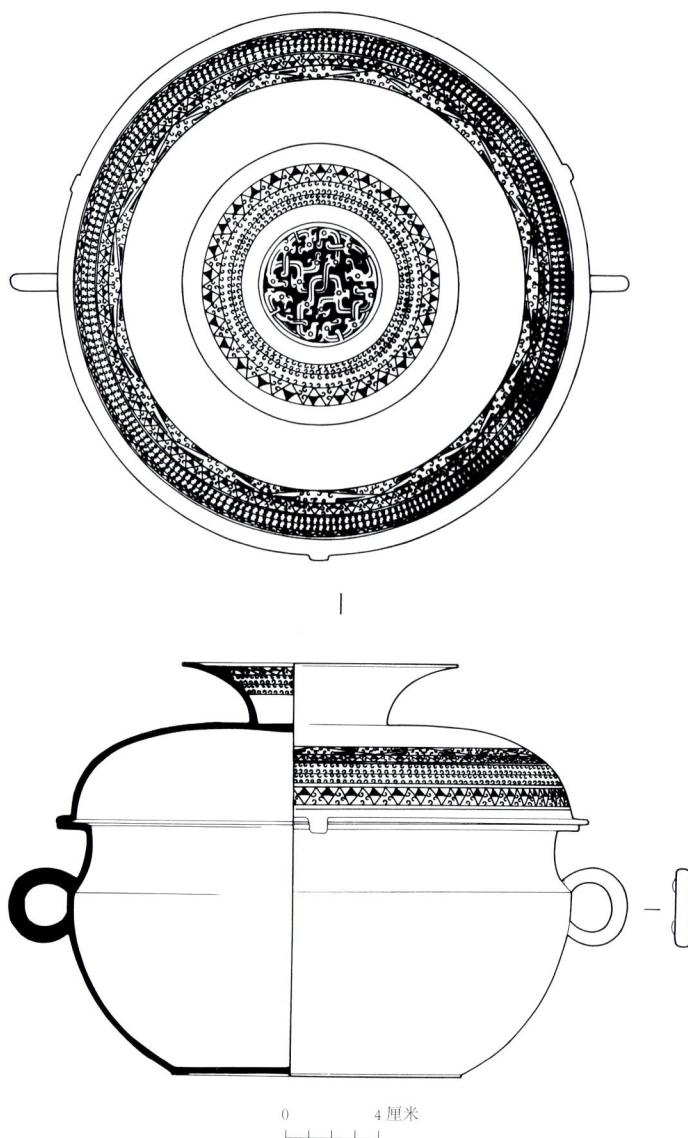

0   4 厘米

037

平底素面敦

春秋
出自 2003 兴弘花园 M42
口径 22、底径 12.2、通高 17 厘米

盖折沿方唇，弧顶，沿面有三个楔形扣钉与器身扣合，顶部有一喇叭状捉手；器身平折沿，方唇，斜颈较长，弧腹，平底；腹部有对称环耳。盖顶中央饰蟠螭纹，盖面和捉手上各饰一圈由凹弦纹、折线纹和"S"形纹组成的纹饰带。

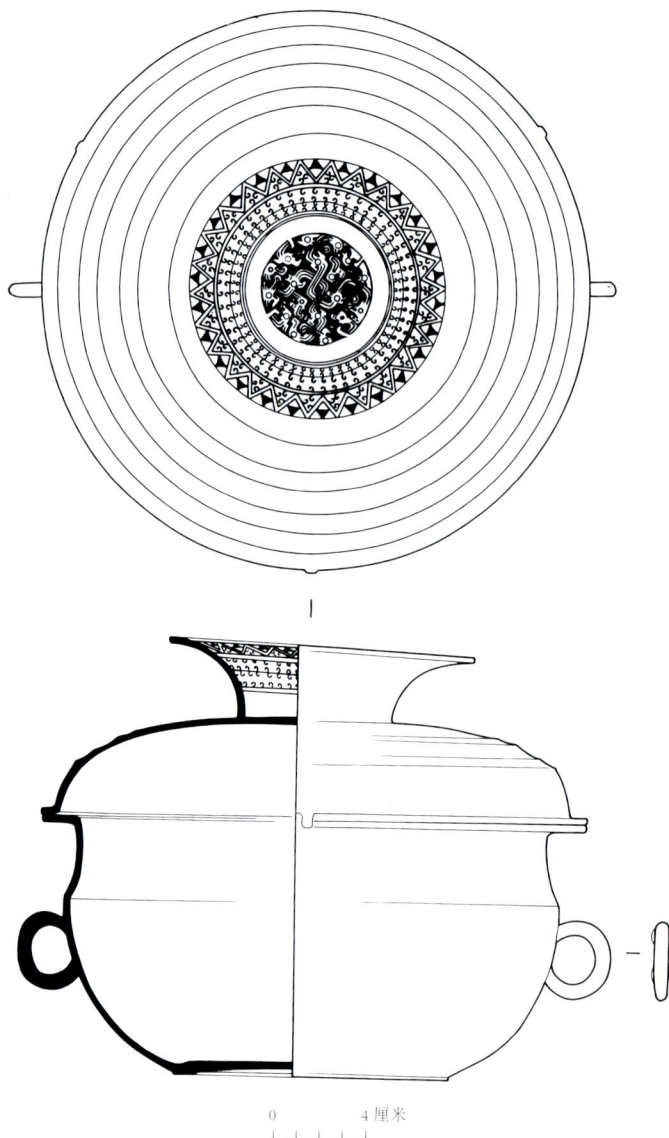

0   4 厘米

038
平底素面敦

春秋
出自 2003 兴弘花园 M100
口径 23.5、底径 11.9、通高 18.4 厘米

盖折沿方唇，弧顶，沿面有三个楔形扣钉与器身扣合，顶部有一喇叭状提手；器身仰折沿，方唇，斜颈较长，弧腹，平底，有矮圈足；腹部有对称环耳。盖顶中央饰蟠螭纹，盖面有四周凸弦纹，提手上有六周凹弦纹，凹弦纹间有折线纹和"S"形纹。

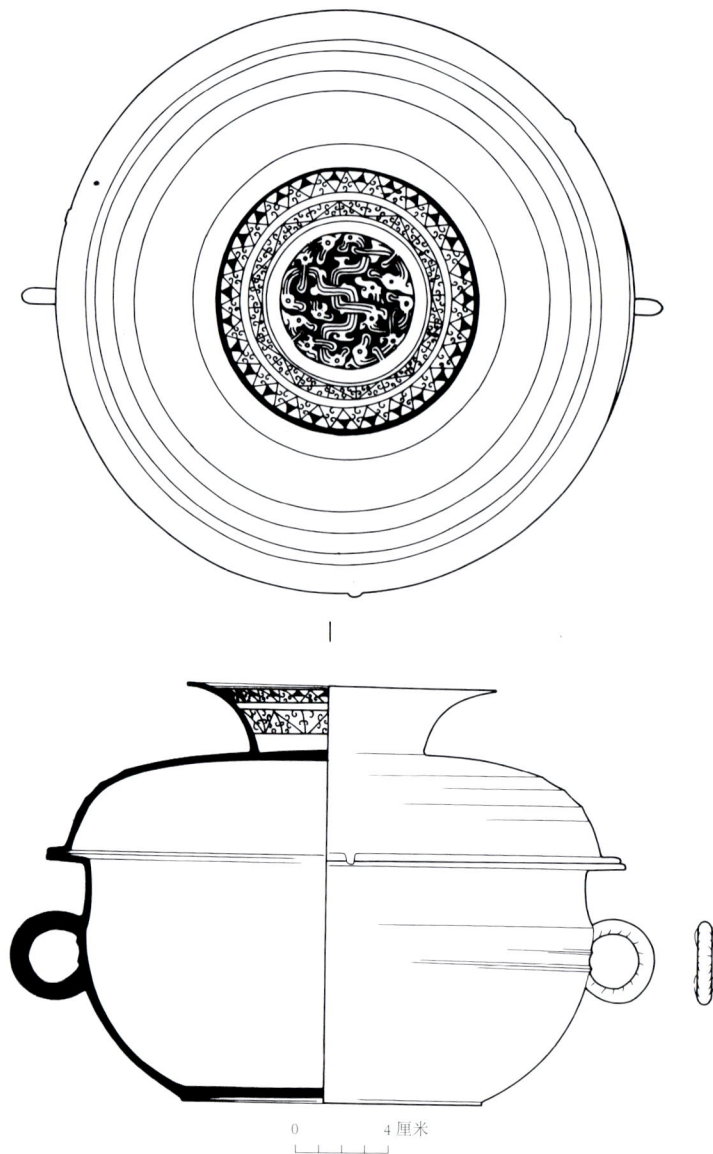

0   4 厘米

039

平底宽带纹敦

春秋
出自 2004 兴弘花园 M121
口径 23.3、底径 12.3、通高 16.9 厘米

盖折沿方唇，弧顶，沿面有三个楔形扣钉与器身扣合，顶部有一喇叭状捉手；器身折沿微仰，方唇，斜颈较长，弧腹，平底；腹部有对称环耳。盖顶中央饰蟠螭纹，盖面有四周凸弦纹，捉手上饰一圈由凹弦纹、折线纹和"S"形纹组成的纹饰带；腹部饰一周凸起的宽带。

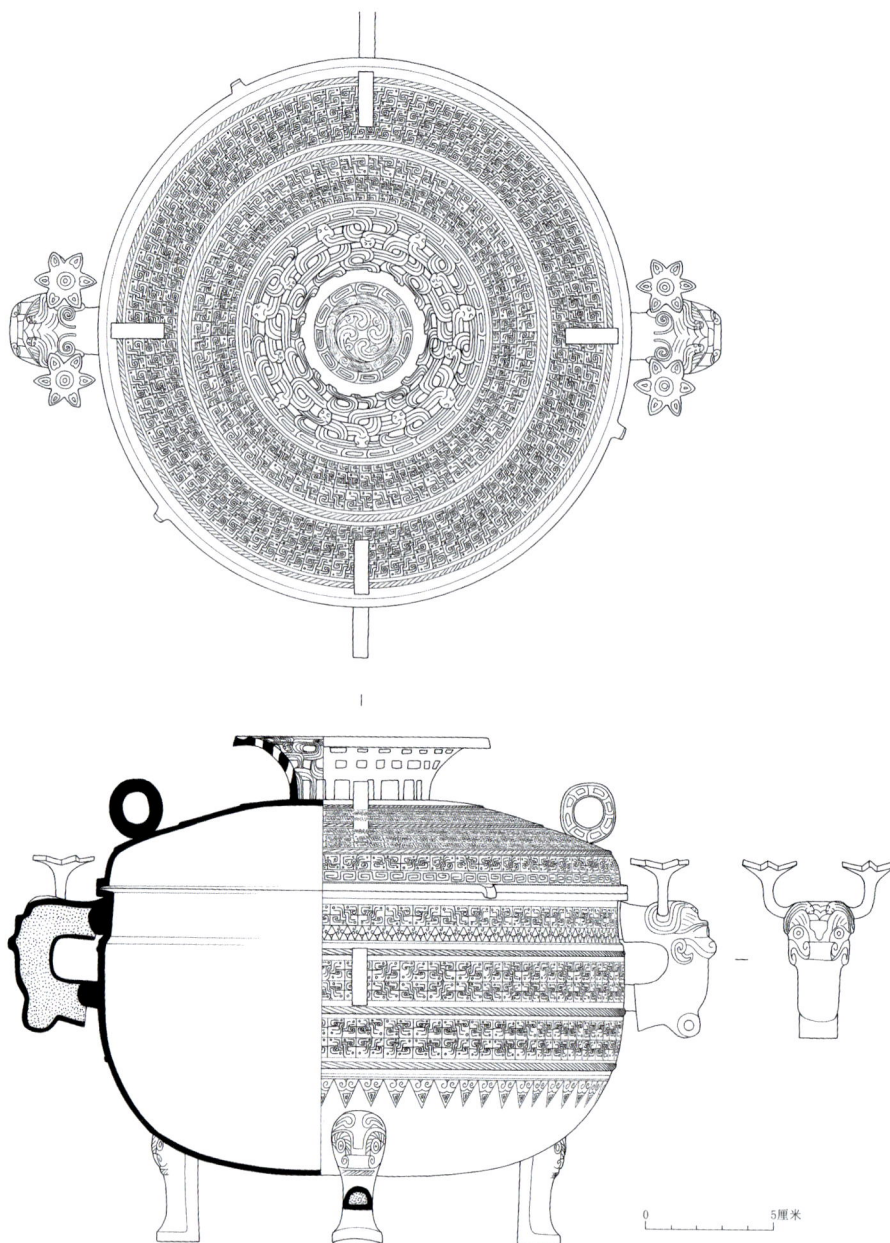

040

三足蟠虺纹敦

春秋
出自 2004 防疫站 M6
口径 20.8、通高 19.5 厘米

盖折沿方唇，弧顶，沿上有三个楔形扣钉与器身扣合，盖顶有四个环形钮和一镂空捉手，捉手为十四条交缠的蟠蛇衔环而成；器身折沿方唇，直颈，弧腹，圜底近平；颈和腹相交处有一对对称的兽形耳，上腹部有一对环形钮；三兽蹄足，截面呈半圆形。盖顶中央饰涡纹，涡纹外为一圈三角云纹和一圈重环纹，盖面饰三圈绚纹和三圈蟠虺纹；器身饰三圈绚纹和三圈蟠虺纹，以及一组变形三角蝉纹；足根部饰兽面纹。

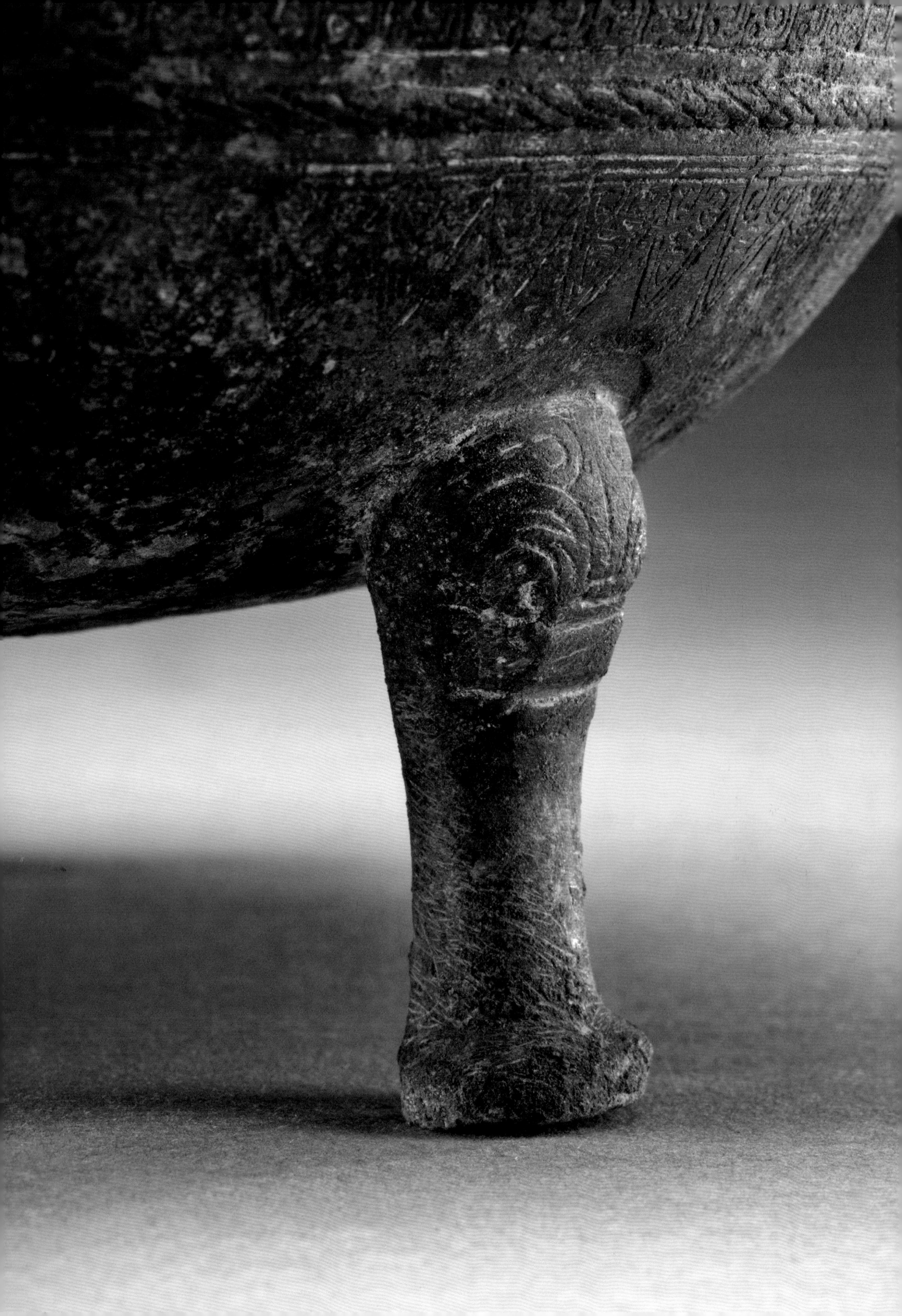

041

三足弦纹敦

战国
出自 2008 中华北路 M42
口径 18.6、通高 14.86 厘米

盖折沿方唇，近平顶，顶上有四个环形钮，盖顶中央有一镂空捉手，为八条蛇交缠蟠蛇衔环而成；器身折沿方唇，束颈、弧腹、圜底；颈和腹相交处有一对对称的兽形耳，上腹部有一对环形钮；三足较矮，截面呈半圆形。盖面和器腹各有两道凸弦纹，环形钮上有一圈雷纹，足根部有一兽面纹。

042

三足弦纹敦

春秋
出自 2010 龙湖兴田 M3
口径 17.4、通高 14.4 厘米

盖折沿方唇，顶微弧，沿上有四个方形扣钉与器身扣合，顶上有四个环形钮，盖顶中央有一个镂空捉手，捉手由多条无头蟠蛇交缠连环而成；器身折沿方唇，束颈，弧腹，圜底近平；颈和腹相交处有一对对称的兽形耳，上腹部有一对环形钮；三兽蹄足，截面呈马蹄形。盖顶中央饰涡纹，盖面饰二道凸弦纹；腹部有两道凸弦纹；足面饰兽面纹。

043

三足蟠虺纹敦

春秋
出自 2012 弘远路 M10
口径 19、通高 16.4 厘米

盖折沿方唇，弧顶，沿上有三个楔形扣钉与器身扣合，盖顶有四个环形钮和一镂空提手，提手为八条交缠的蟠蛇衔环而成；器身折沿方唇，直颈，弧腹，圜底近平；颈和腹相交处有一对对称的兽形耳，上腹部有一对环形钮；三兽蹄足，截面呈马蹄形。盖面饰三道凸起的绞索纹，绞索纹之间为两圈蟠虺纹，近折沿处也有一圈模糊的蟠虺纹，环形钮上饰一圈回形纹；颈部饰一圈雷纹和三角纹，腹部饰两道凸起的绞索纹和两圈蟠虺纹；足根部有一兽面纹。

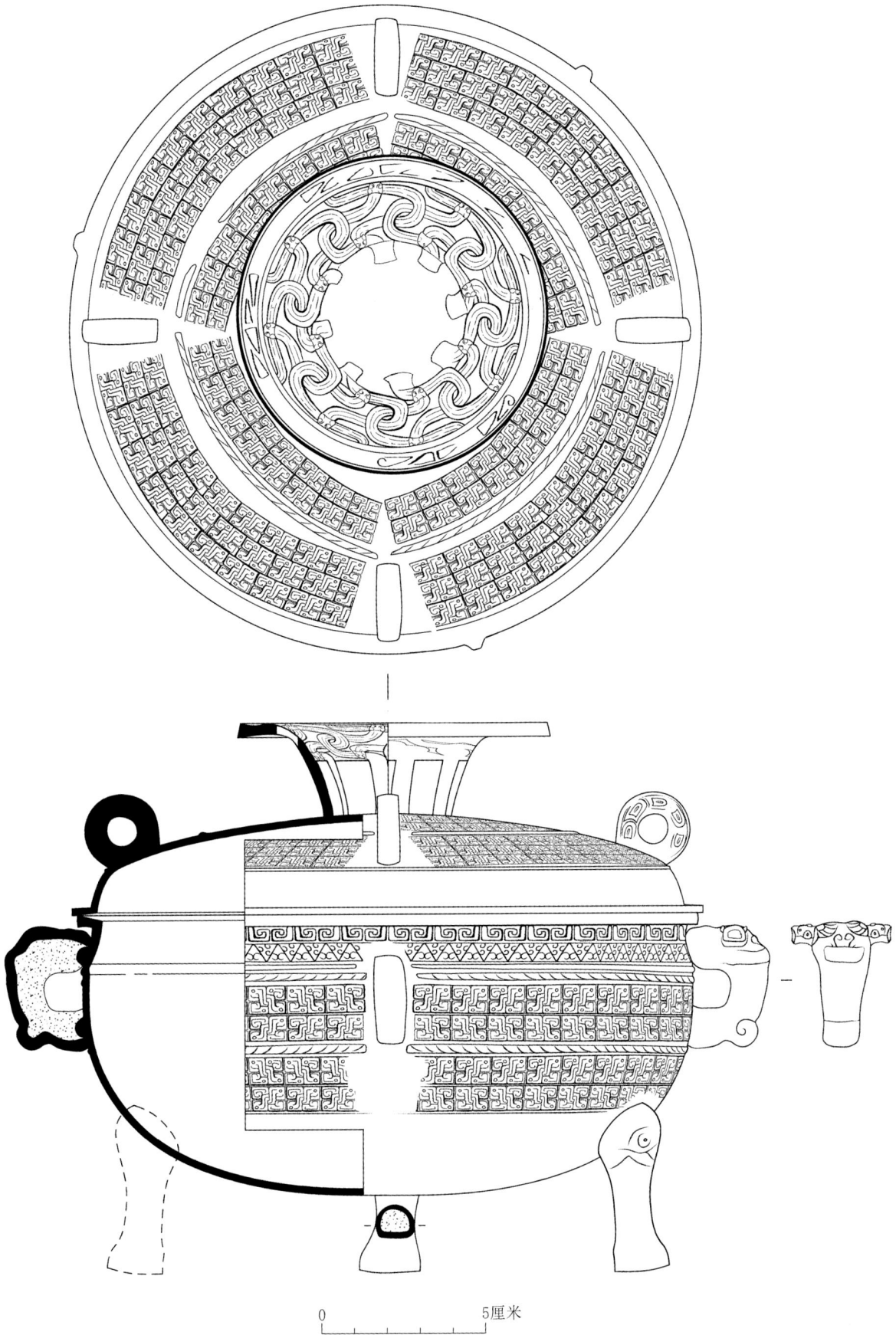

0　　　　　　　　5厘米

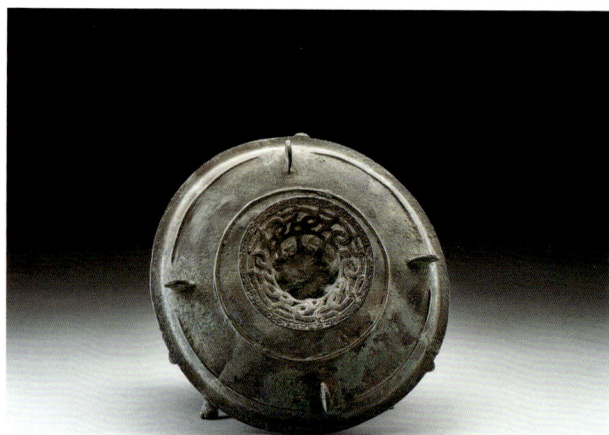

044

三足弦纹敦

战国
出自 2012 郑韩电器 M147
口径 19.2，通高 16.5 厘米

盖折沿方唇，弧顶，沿上有四个楔形扣钉与器身扣合，顶上有四个环形钮，盖顶中央有一镂空捉手，为八条交缠蟠蛇衔环而成；器身折沿方唇，短颈，弧腹，圜底近平；颈和腹相接处有一对兽形耳，上腹部有一对环钮；三兽蹄足，截面呈马蹄形。盖上有二道凸弦纹，盖钮和腹钮两面均有雷纹，器腹有一道凸弦纹。

045

三足弦纹敦

战国
出自 2014 西城花园南苑小区 M149
口径 19.4、通高 14.2 厘米

盖折沿方唇，顶微弧，盖顶中央有一环形捉手，由五根弯曲的铜条承托；器身折沿方唇，束颈，弧腹，圜底；颈和腹相交处有一对对称的兽形耳；三兽蹄足较矮，截面近圆形。盖面和器腹分别饰两道凸弦纹。

046

三足弦纹敦

春秋
出自 2014 西城花园南苑小区 M227
口径 20、通高 17 厘米

盖折沿方唇，顶微弧，沿上有三个楔形扣钉与器身扣合，盖顶有四个环形钮，盖顶中央有一镂空捉手，为二十条交缠的蟠蛇衔环而成；器身折沿方唇，束颈，弧腹，圜底；颈和腹相交处有一对对称的兽形耳，上腹部有一对对称的环形钮；三兽蹄足较高，截面近圆形。盖面和腹部分别有两道凸弦纹；足根部饰兽面纹，有一纵向扉棱为鼻梁。

047

三足素面敦

战国
出自 2014 西城花园南苑小区 M277
口径 17.2、通高 13.9 厘米

盖折沿方唇，顶微弧，沿上有三个楔形扣钉与器身扣合，盖顶有三个环形钮，盖顶中央有一镂空捉手，由十六条交缠的衔环相接而成；器身折沿斜方唇，弧腹，浅圜底；器腹上有三个环形钮；三兽蹄足教细高，截面呈半圆形。盖面有一圈凸弦纹。

048

三足素面敦

春秋
出自 2014 西城花园南苑小区 M338
口径 19.0、通高 16.7 厘米

弧顶盖，上有三个圆环形钮；器口微敛，弧腹，圜底近平；近口处有两个对称的环形钮；三兽蹄足较瘦，截面近似椭圆形。足呈灰白色，含铅量应较高。通体素面。

049

三足弦纹敦

战国
出自 2014 西城花园南苑小区 M383
口径 19、通高 15.2 厘米

盖折沿方唇，顶微弧，沿上有三个楔形扣钉与器身扣合，盖顶有四个环形钮，盖顶中央有一环形捉手，由六根弯曲的铜条承托；器身折沿方唇，束颈，弧腹，圜底；颈和腹相交处有一对对称的兽形耳，上腹部有一对对称的环形钮；三兽蹄足较细，截面呈马蹄形。盖面和腹部分别有两道凸弦纹，捉手环上饰雷纹，铜条上饰斜线，环形钮上饰重环纹。

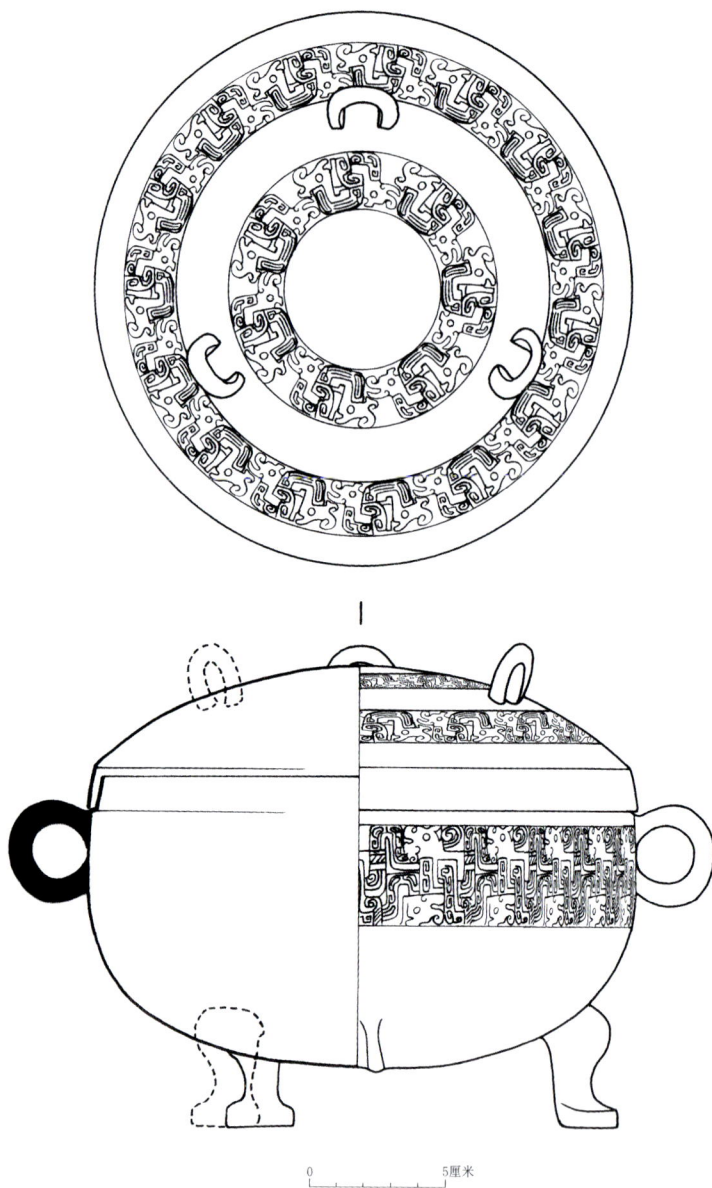

050

三足蟠虺纹敦

春秋
出自 2014 西城花园南苑小区 M580
盖径 20.2、口径 19.2、通高 17.3 厘米

盖折壁，方唇，弧顶，顶上有三个环形钮；子口承盖，方唇，弧腹，圜底；近口处有一对对称的环形钮；三兽蹄足，截面近椭圆形。盖面饰两圈蟠虺纹，上腹部饰一圈蟠虺纹。

051

三足弦纹敦

战国
出自 2014 西城花园南苑小区 M600
口径 17.3、通高 16.1 厘米

盖折沿方唇，顶微弧，沿上有三个楔形扣钉与器身扣合，顶上有四个环形钮，盖顶中央有一镂空捉手，
为八条交缠的蟠蛇衔环而成；器身折沿方唇，束颈，弧腹，圜底；颈和腹相交处有一对对称的兽形耳，
上腹部有一对对称的环形钮；三兽蹄足较细，截面近圆形。环形钮上饰重环，腹部有一道凸弦纹，足
面饰模糊的兽面纹。

052

三足素面敦

战国
出自 2014 西城花园南苑小区 M606
口径 18.0、通高 14.5 厘米

盖折沿，尖圆唇，顶微弧，沿上有三个楔形扣钉与器身扣合，顶上有三个近环形钮，盖顶中间有一镂空提手，提手由十六条交缠的蟠蛇衔环而成。器身折沿方唇，弧腹，浅圈底；三兽蹄足，截面呈半圆形。盖面上有一圈凸弦纹。

053

三足弦纹敦

春秋
出自 2014 西城花园南苑小区 M609
口径 21.8、通高 17.5 厘米

盖折沿方唇，顶微弧，沿上有三个楔形扣钉与器身扣合，顶上有四个环形钮，盖顶中央有一个镂空提手，为十四条交缠的蟠蛇衔环而成；器身折沿方唇，束颈，弧腹，圜底；颈和腹相交处有一对对称的兽形耳，上腹部有一对对称的环形钮；三兽蹄足较粗矮，截面近圆形。盖面和腹部分别有两道凸弦纹，环形钮上饰三角云纹，足面饰兽面纹。

054

三足弦纹敦

————————

春秋
出自 2014 西城花园南苑小区 M662
口径 18、通高 13.8 厘米

盖折沿方唇，顶微弧，沿上有三个方形扣钉与器身扣合，顶上有四个环形钮，盖顶中央有一个镂空捉手，为
六条交缠的蟠蛇衔环而成；器身折沿方唇，束颈、弧腹、圜底；颈和腹相交处有一对对称的兽形耳，上腹部
有一对对称的环形钮；三兽蹄足较细矮，截面呈马蹄形。盖面和腹部分别有两道凸弦纹，足面饰兽面纹。

055

三足弦纹敦

春秋
出自 2014 西城花园南苑小区 M681
口径 20.5、通高 17 厘米

盖折沿方唇，顶微弧，沿上有三个楔形扣钉与器身扣合，顶上有四个环形钮，盖顶中央有一个镂空捉手，为二十条交缠的蟠蛇衔环而成；器身折沿方唇，束颈，弧腹，圜底；颈和腹相交处有一对对称的兽形耳，上腹部有一对对称的环形钮；三兽蹄足较粗，截面半圆形。盖面和腹部分别有两道凸弦纹，环形钮上饰三角云纹，足面饰兽面纹。

056

三足弦纹敦

春秋
出自 2014 西城花园南苑小区 M687
口径 19.9、通高 16.4 厘米

盖折沿方唇，顶微弧，沿上有四个方形扣钉与器身扣合，顶上有四个环形钮，盖顶中央有一个镂空捉手，为八条交缠蟠蛇衔环而成；器身折沿方唇，束颈、弧腹、圜底；颈和腹相交处有一对对称的兽形耳，上腹部有一对对称的环形钮；三兽蹄足较粗矮，截面近圆形。盖面和腹部分别有两道凸弦纹，环形钮和捉手上饰重环纹，足面饰兽面纹。

057

三足弦纹敦

———

春秋
出自 2014 西城花园南苑小区 M690
口径 17.4、通高 13.5 厘米

———

盖折沿方唇，顶微弧，沿上有三个楔形扣钉与器身扣合，顶上有四个环形钮，盖顶中央有一个镂空捉手，为十四条
交缠蟠蛇衔环而成；器身折沿方唇，束颈，弧腹，圜底近平；颈和腹相交处有一对对称的兽形耳，上腹部有一对对
称的环形钮；三兽蹄足较矮，截面呈马蹄形。盖面和腹部分别有两道凸弦纹，捉手环饰一圈重环纹。

058

三足弦纹敦

战国
出自 2014 西城花园南苑小区 M850
口径 16.5、通高 13.2 厘米

盖折沿方唇，顶微弧，沿上有四个楔形扣钉与器身扣合，顶上有四个环形钮，盖顶中央有一个环形捉手，由四根弯曲的铜条承托；器身折沿方唇，束颈，弧腹，圜底近平；颈和腹相交处有一对对称的兽形耳，上腹部有一对对称的环形钮；三兽蹄足较细矮，截面近圆形。盖面和腹部分别有两道凸弦纹，捉手环饰斜线纹。

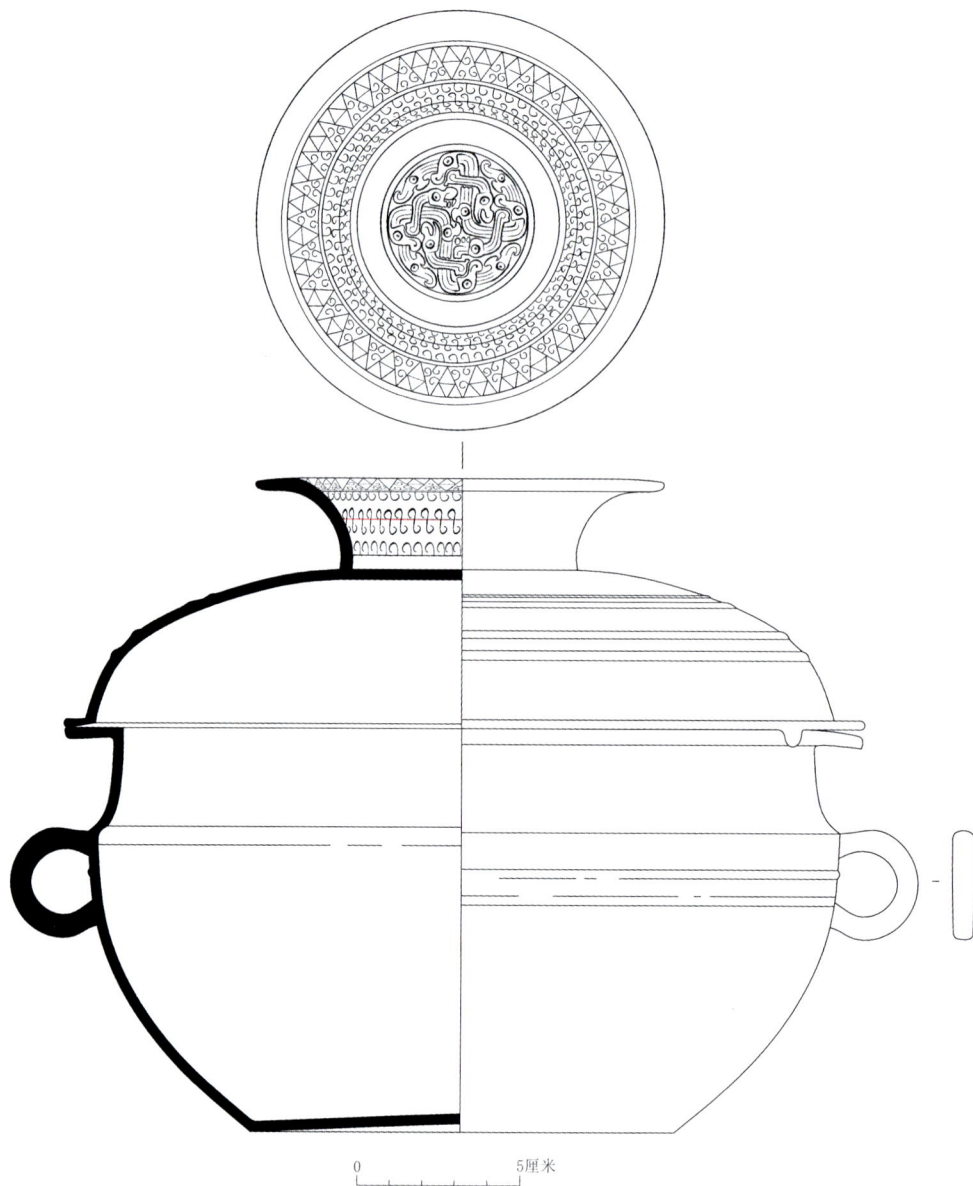

0   5厘米

059
平底弦纹敦

春秋
出自 2014 西城花园南苑小区 M931
口径 24.4、底径 13、通高 19.5 厘米

盖折沿方唇，弧顶，沿面有三个楔形扣钉与器身扣合，顶部有一喇叭状捉手；器身仰折沿，方唇，斜颈较长，弧腹，平底微凹；腹部有对称环耳。盖顶中央饰蟠螭纹，盖面饰两组四道凸弦纹，捉手上饰一圈由凹弦纹、折线纹和"S"形纹组成的纹饰带；腹部饰一组两道凸弦纹。

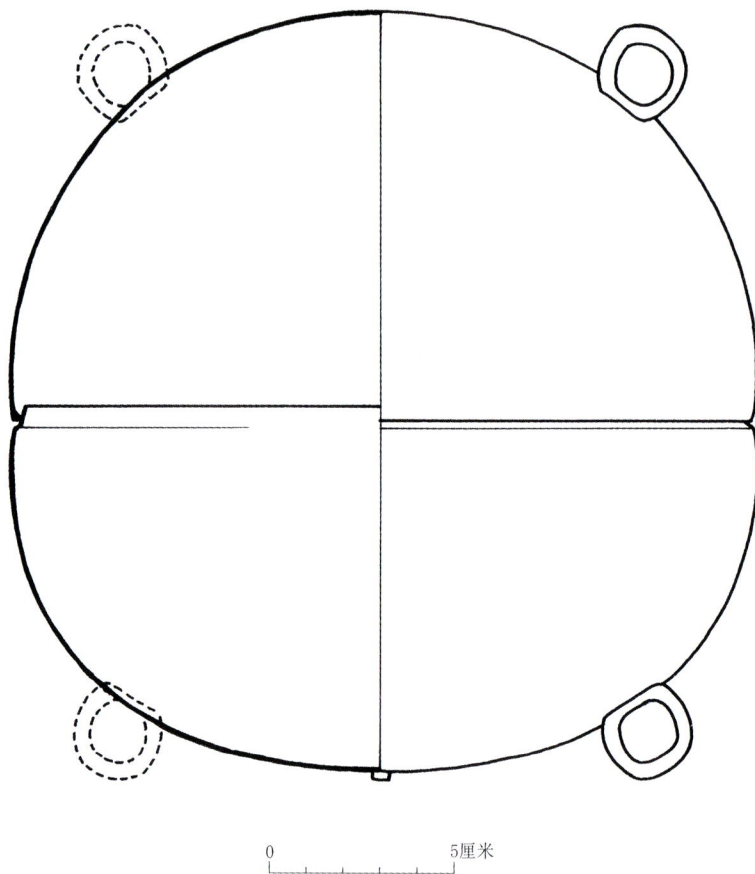

0　　　　　5厘米

060

环钮素面敦

战国
出自 2015 公立医院 M139
盖径 20.0，口径 19.4，通高 20.3 厘米

略残；盖和器身形态相近，唯口部略有差异，盖直口方唇，器身略呈子口，弧腹，圜底，钮和足均为环形。
通体素面。

061

三足弦纹敦

战国
出自 2016 康富威 M210
口径 17.8、通高 13.5 厘米

盖折沿方唇，顶微弧，沿上有三个楔形扣钉与器身扣
合（二残，仅余一），顶上有四个环形钮，盖顶中央
有一个环形提手，由四根弯曲的铜条承托；器身折沿
方唇，束颈，弧腹，浅圈底；颈和腹相交处有一对对
称的兽形耳，上腹部有一对对称的环形钮；三兽蹄足
细高，截面呈半圆形。盖面有两道凸弦纹，上腹部有
一道凸弦纹，提手环饰斜云纹。

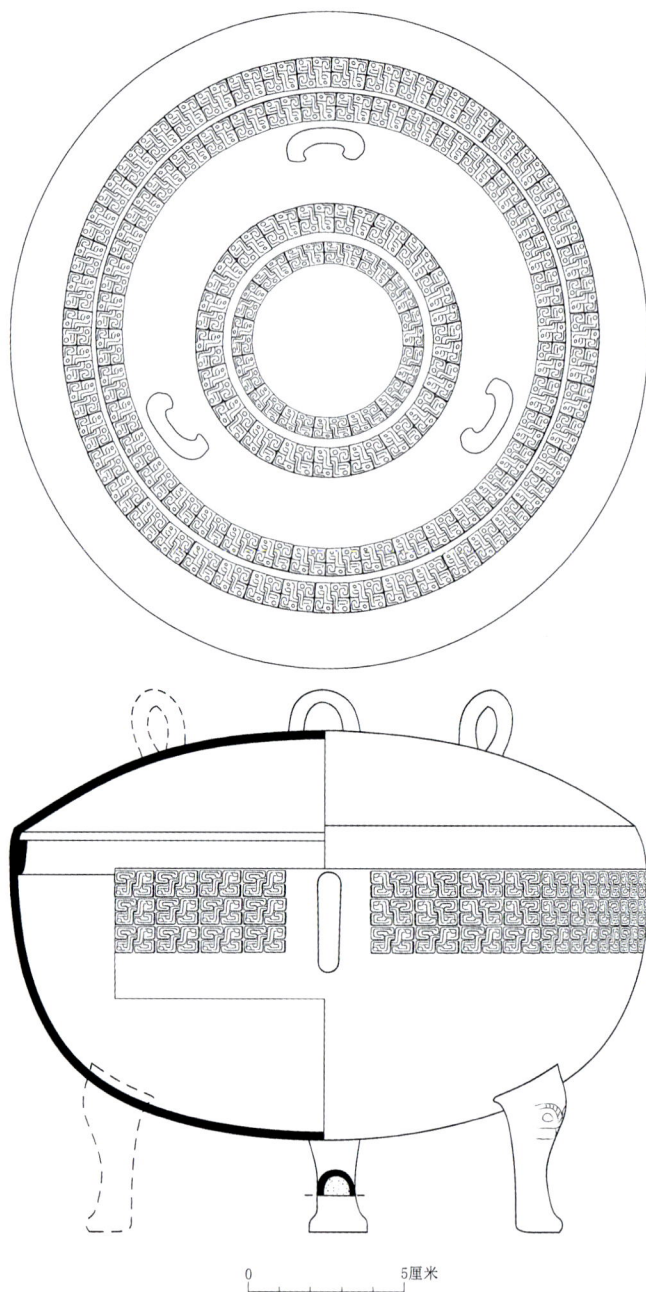

0   5厘米

062

三足蟠虺纹敦

春秋
出自 2016 康富威 M223
口径 19.8、通高 19.6 厘米

盖折壁，方唇，弧顶，顶上有三个环形钮；器身子口承盖，方唇，弧腹，圜底；近口处有一对对称的环形
钮；三兽蹄足较细，截面呈半圆形。盖面饰四圈蟠虺纹，上腹部有一圈蟠虺纹。

063

三足弦纹敦

....

春秋
出自 2016 康富威 M231
口径 21.2、通高 16.2 厘米

盖折沿方唇，顶微弧，沿上有四个兽首形扣钉与器身扣合，顶上有四个环形钮，盖顶中央有一个镂空捉手，由十八条交缠蟠蛇衔环而成；器身折沿方唇，束颈，弧腹，圜底；颈和腹相交处有一对对称的兽形耳，上腹部有一对对称的环形钮；三兽蹄足较矮，截面近圆形。盖面和腹部分别有两道凸弦纹，环形钮两侧饰重环纹，足面饰兽面纹。

064

平底素面敦

春秋
出自 2016 新烟路南延 M3
口径 22.5、底径 11.5、通高 17.5 厘米

盖折沿方唇，弧顶，沿面有三个方形扣钉与器身扣合，顶部有一喇叭状提手；器身仰折沿，方唇，斜颈较长、弧腹、平底；腹部有对称环耳。盖顶中央有一组涡纹，提手上饰一圈由凹弦纹、折线纹和"S"形纹组成的纹饰带。

065

平底弦纹敦

春秋
出自 2020 新京蓝苑Ⅱ区 M191
口径 22.6、底径 12.5、通高 17.4 厘米

盖折沿方唇，弧顶，沿面有三个方形扣钉与器身扣合，顶部有一喇叭状捉手；器身仰折沿，方唇，斜颈较长，弧腹，平底；腹部有对称环耳。盖顶中央饰蟠螭纹，盖面饰两组四道凸弦纹；腹部饰一组两道凸弦纹。

066

三足弦纹敦

———

春秋
出自 2021 沈庄安置区 M17
口径 20.6、残高 18 厘米

盖折沿方唇，顶微弧，沿上有三个方形扣钉与器身扣合，顶上有四个环形钮，盖顶中央有一个镂空捉手，由二十条交缠蟠螭衔环而成；器身折沿微仰，方唇、束颈、弧腹、圜底近平；颈和腹相交处有一对对称的兽形耳，上腹部有一对对称的环形钮；三兽蹄足较粗，截面马蹄形。盖面和腹部分别有两道凸弦纹，环形钮两侧饰重环纹，足面饰兽面纹（足和兽形耳脱落）。

067

三足弦纹敦

春秋
出自 2021 黄帝故里景区 M33
口径 22、通高 19.8 厘米

盖折沿方唇，弧顶，沿上有三个方形扣钉与器身扣合，顶上有四个环形钮，盖顶中央有一个环形捉手，由五根弯曲的铜条承托；器身仰折沿，方唇，束颈，弧腹，圜底；颈和腹相交处有一对对称的兽形耳，上腹部有一对环形钮；三兽蹄足，截面近圆形。捉手和环形钮上饰几何纹，腹部有两道凸弦纹，足面饰兽面纹。

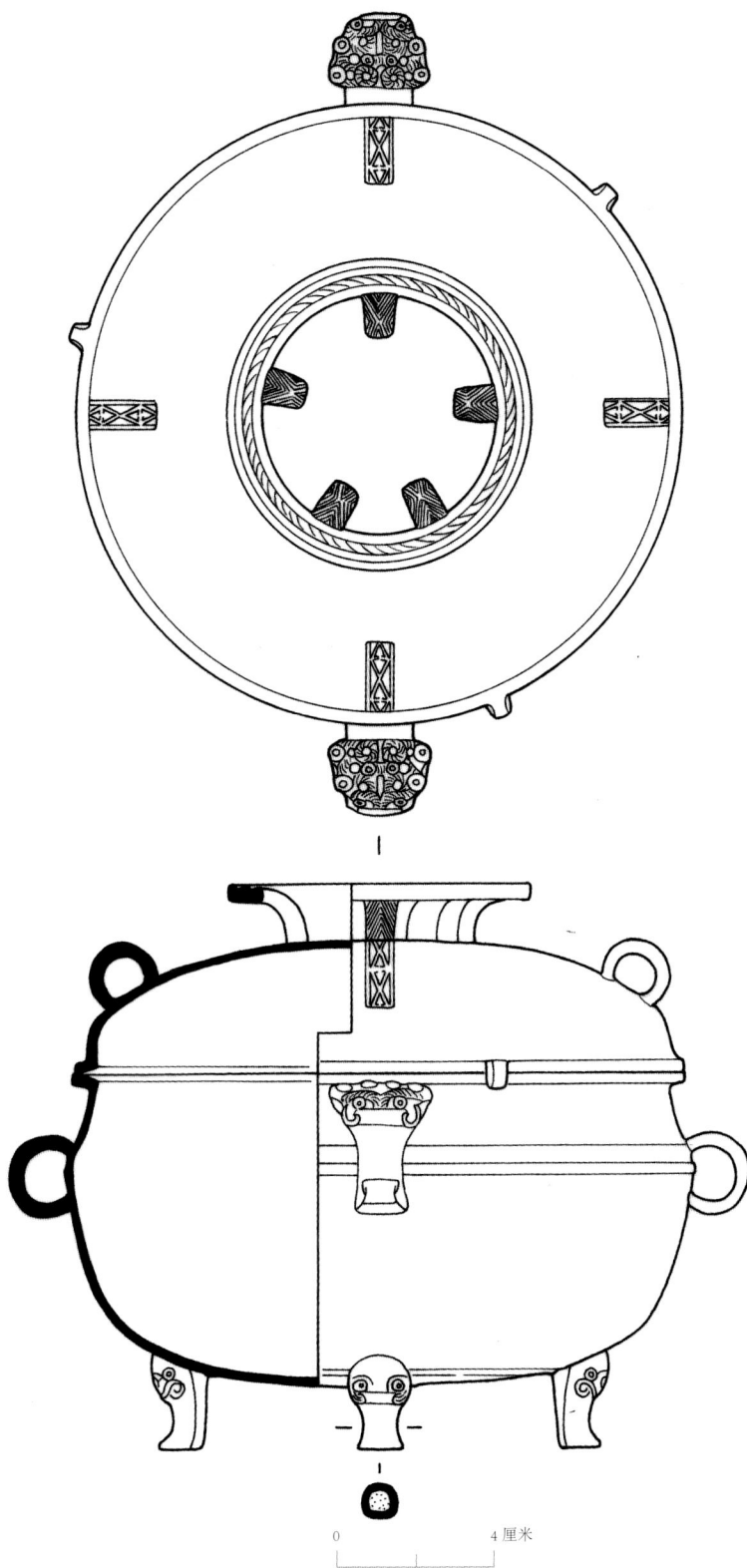

0　　　　　4 厘米

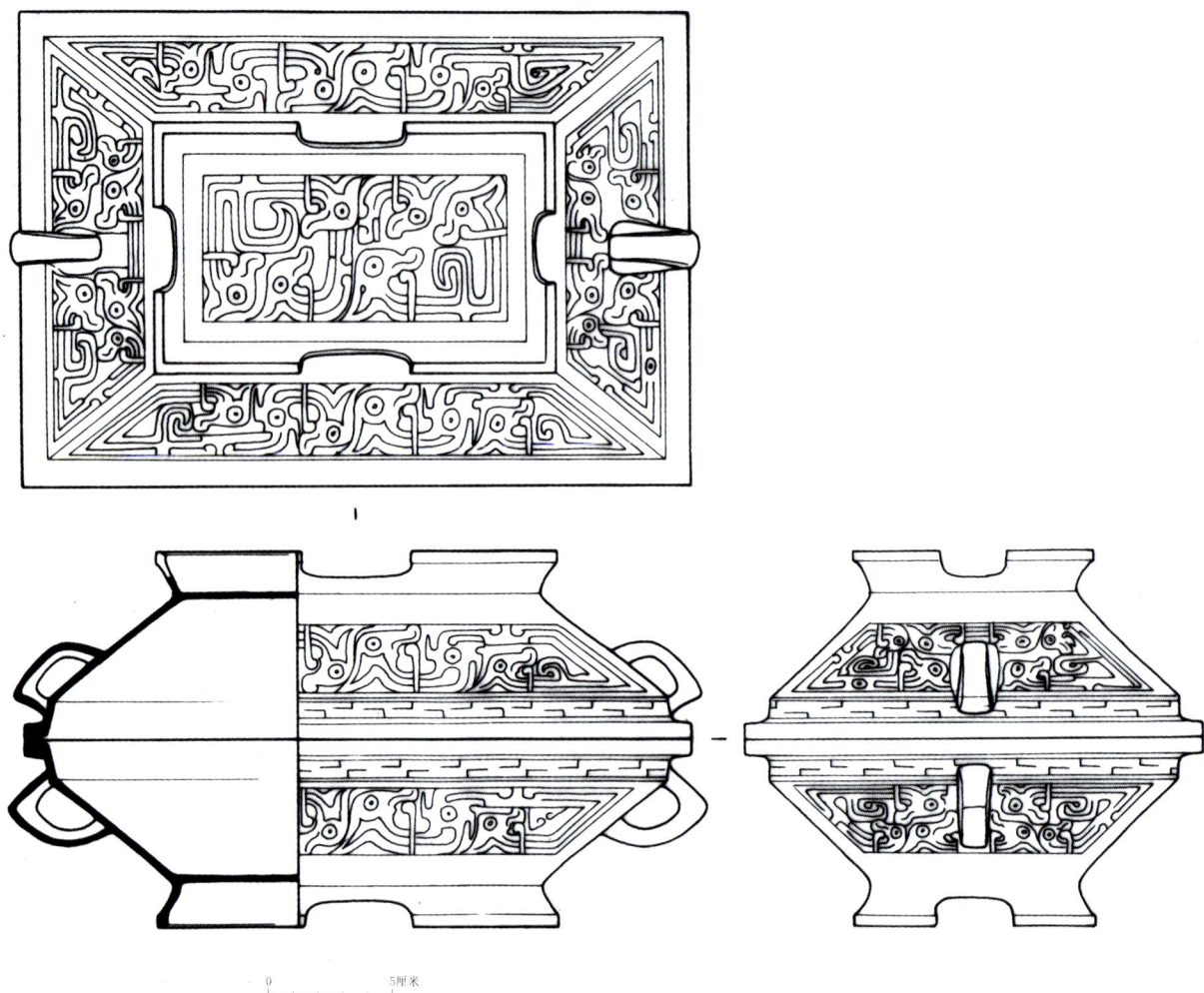

0   5厘米

068

夔龙纹簠

春秋
出自 2016 康富威 M39
长 28、宽 18.2、通高 14.4 厘米

盖和器身形制近同。折沿方唇，折腹，上腹垂直，下腹斜收，平底，方圈足折曲，上部外撇，下部垂直，方圈足四面各有一个矩形缺口，腹部两端各有一个扁环耳。四壁垂直部分饰几何纹，斜腹部分和盖顶分别饰一组多条夔龙纹。

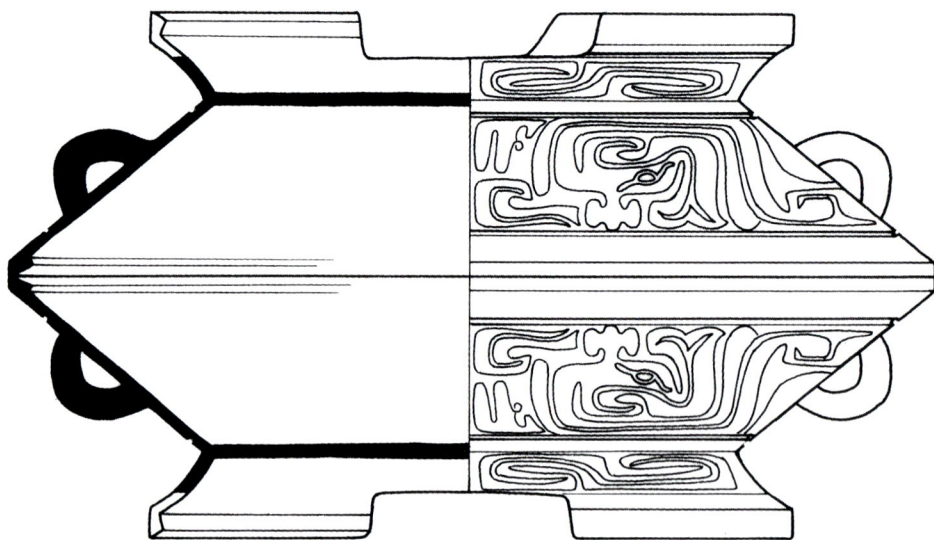

0　　　　　5厘米

069

夔龙纹簠

春秋
出自 2019 仓城小学 II 区 M31
长 26.8、宽 17.4、通高 14.8 厘米

器盖和器身形制相同。直口方唇，斜腹，平底，方圈足折曲，上部外撇，下部垂直，方圈足四面各有一个矩形缺口，
腹部两端各有一个半环耳。四壁分别饰一组纹饰，隐约可见为夔龙纹。

070

蟠虺纹簠

春秋
出自 2021 黄帝故里景区 M33
长 34、宽 23、通高 19.8 厘米

盖和器身形制近同。直口方唇，折腹，上腹直腹，下腹斜收，平底；曲尺形足，盖和器身两端各有两个兽形耳；盖四面有兽面扣钉与器身扣合，长边各二，短边各一。器盖、器身和器足表面均饰数周蟠虺纹。

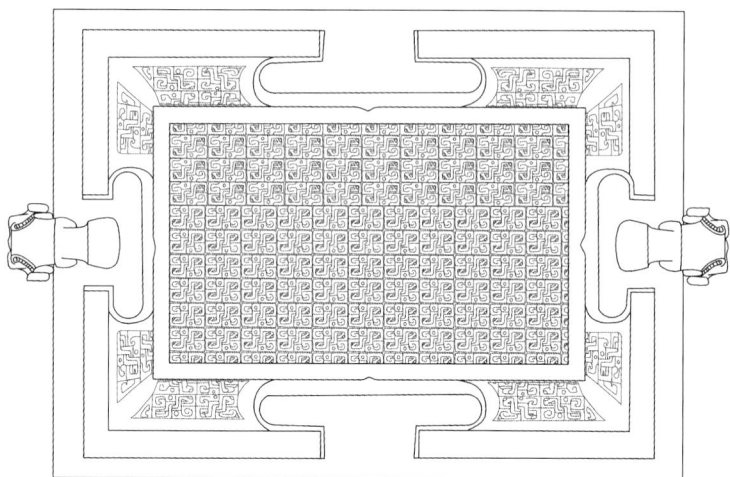

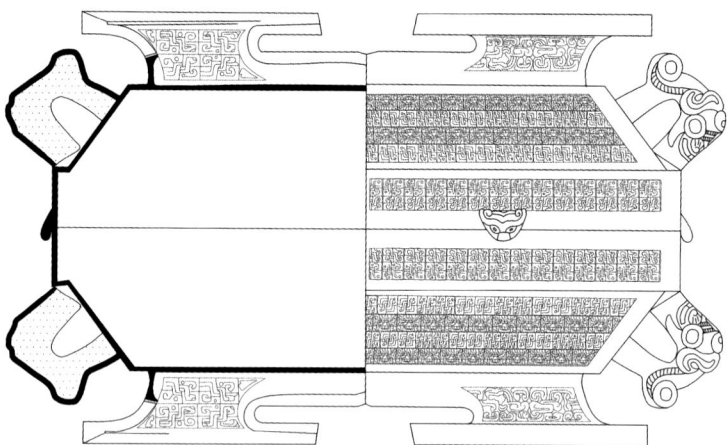

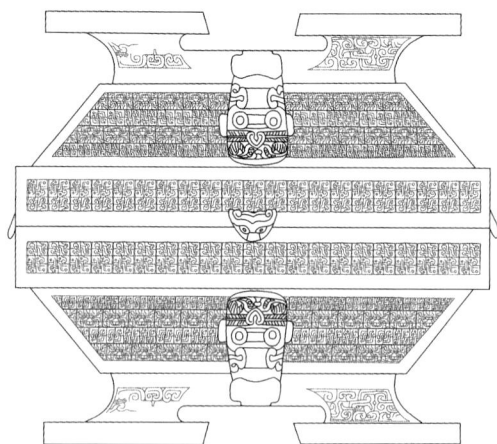

0   4厘米

071

蟠螭纹簠

春秋
出自 2021 黄帝故里景区 M33
长 34、宽 20.8、通高 20 厘米

盖和器身形制近同。直口方唇，折腹，上腹直腹，下腹斜收，平底；曲尺形足，盖和器身两端各有两个兽形耳；盖四面有兽面扣钉与器身扣合，长边各二，短边各一。器盖、器身和器足表面均饰数周蟠螭纹。

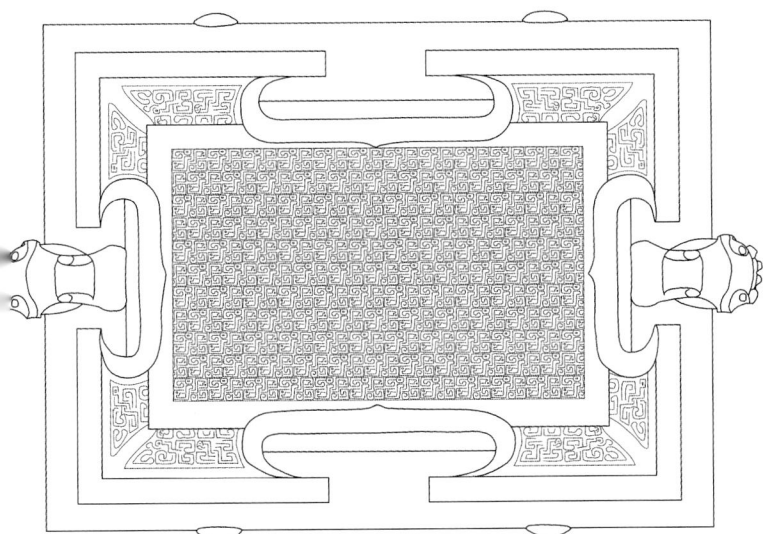

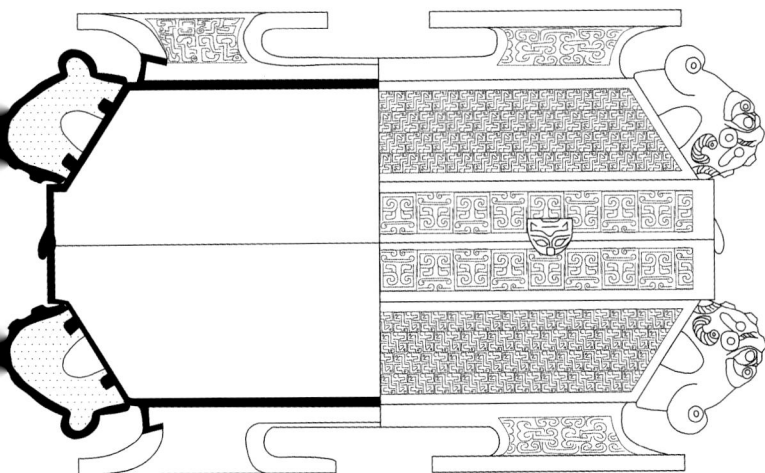

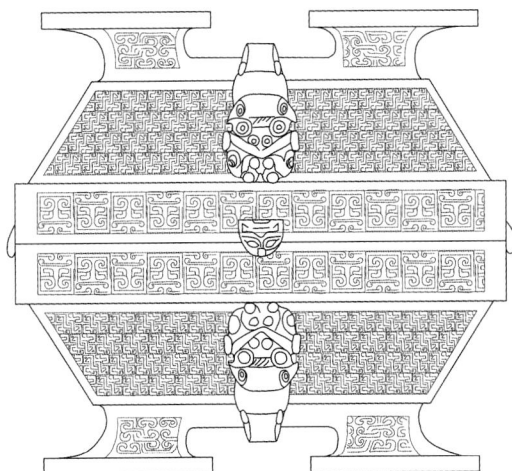

0　　　4厘米

072

蟠虺纹簠

春秋
出自 2021 黄帝故里景区 M33
长 33.6、宽 22.8、通高 20.4 厘米

盖和器身形制近同。直口方唇，折腹，上腹直腹，下腹斜收，平底；曲尺形足，盖和器身两端各有两个兽形耳；盖四面有兽面扣钉与器身扣合，长边各二，短边各一。器盖、器身和器足表面均饰数周蟠虺纹。

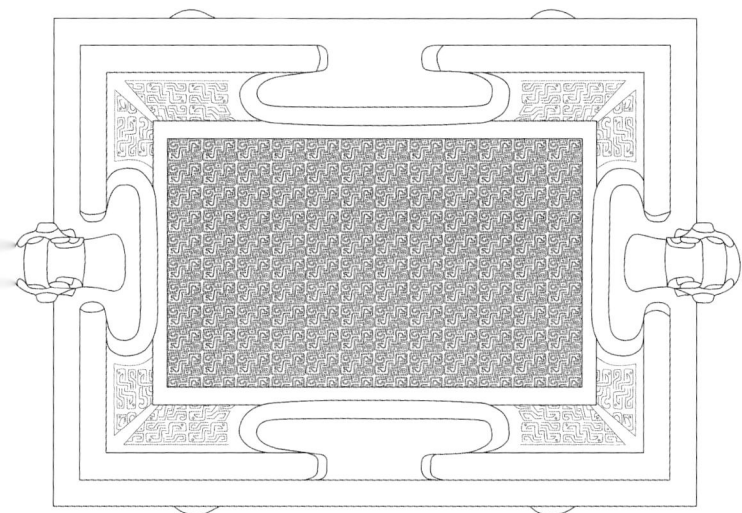

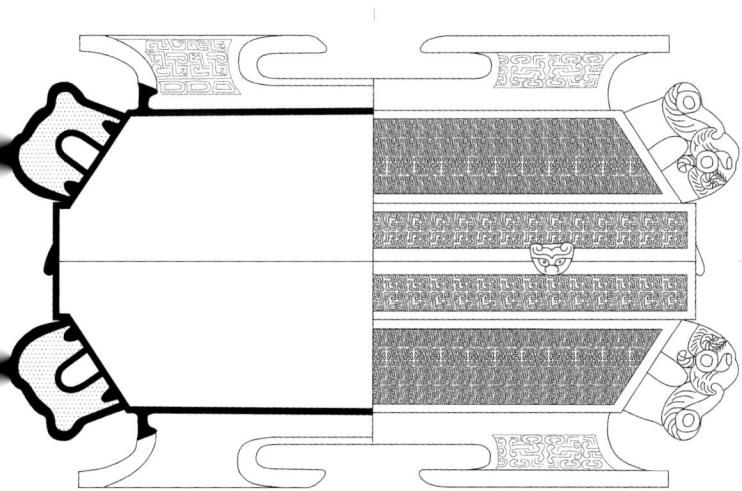

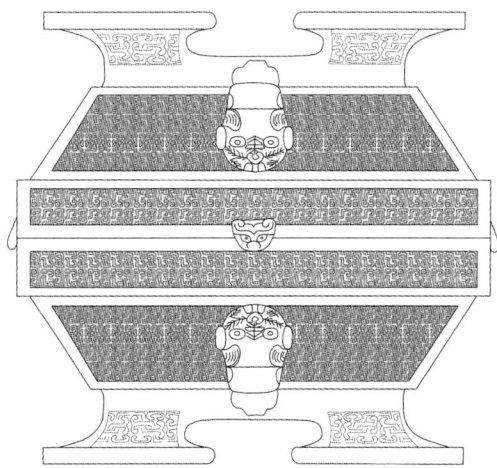

0   4厘米

073

蟠虺纹簠

春秋
出自 2021 黄帝故里景区 M33
长 33.2、宽 22.8、通高 20 厘米

盖和器身形制近同。直口方唇，折腹，上腹直腹，下腹斜收，平底；曲尺形足，盖和器身两端各有两个兽形耳；盖四面有兽面扣钉与器身扣合，长边各二，短边各一。器盖、器身和器足表面均饰数周蟠虺纹。

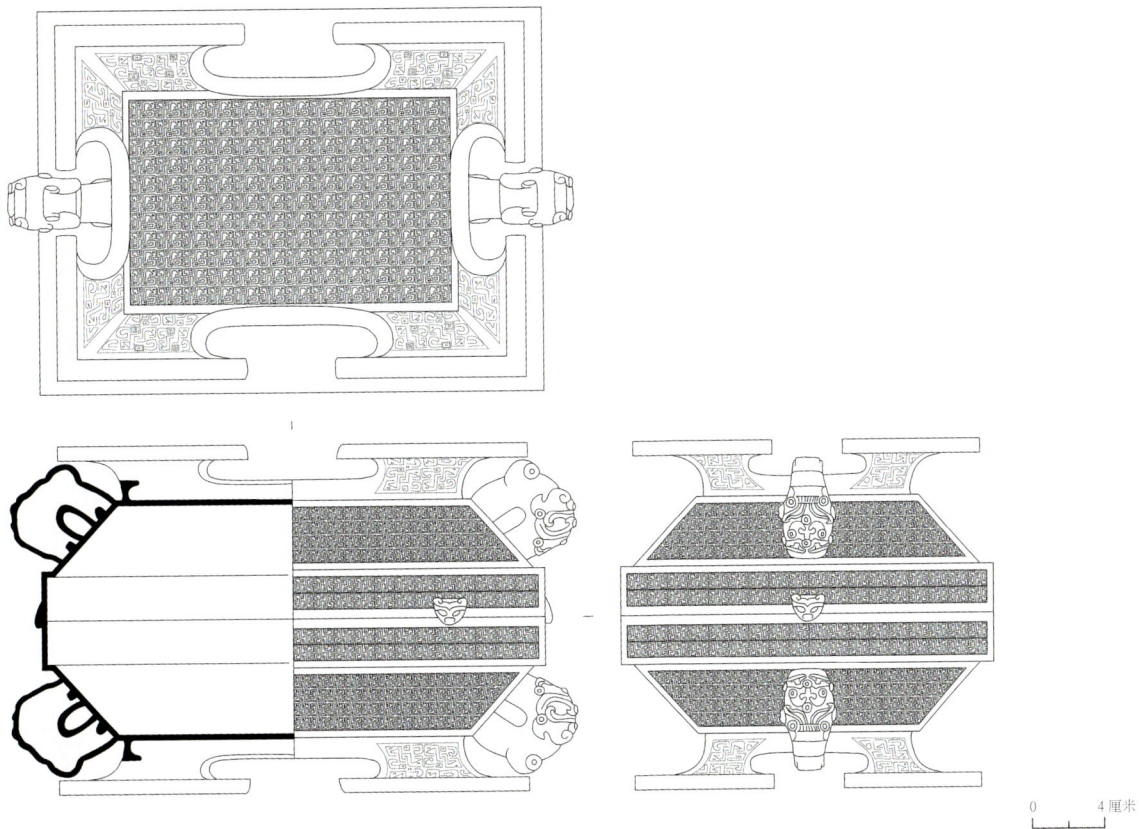

0   4厘米

075

镂空座蟠螭纹盖豆

春秋
出自 2014 西城花园南苑小区 M218
盖径 19.0、口径 18.4、腹径 19.3、底径 12.2、通高 26.2 厘米

盖弧顶方唇，盖顶中央有一喇叭状捉手，盖面有四个环形钮；子口承盖，方唇，弧腹，上腹部有四个环形钮，圜底；柄较高，上部中空，下部镂空，下部由六条扭曲的索状铜条组成；镂空喇叭座，由多条交缠的蟠蛇组成。捉手上饰一圈多条交缠蟠螭和圆点地纹组成的纹饰带，盖面上饰三圈蟠螭纹带，间以素宽带；腹部饰一圈蟠螭纹带。

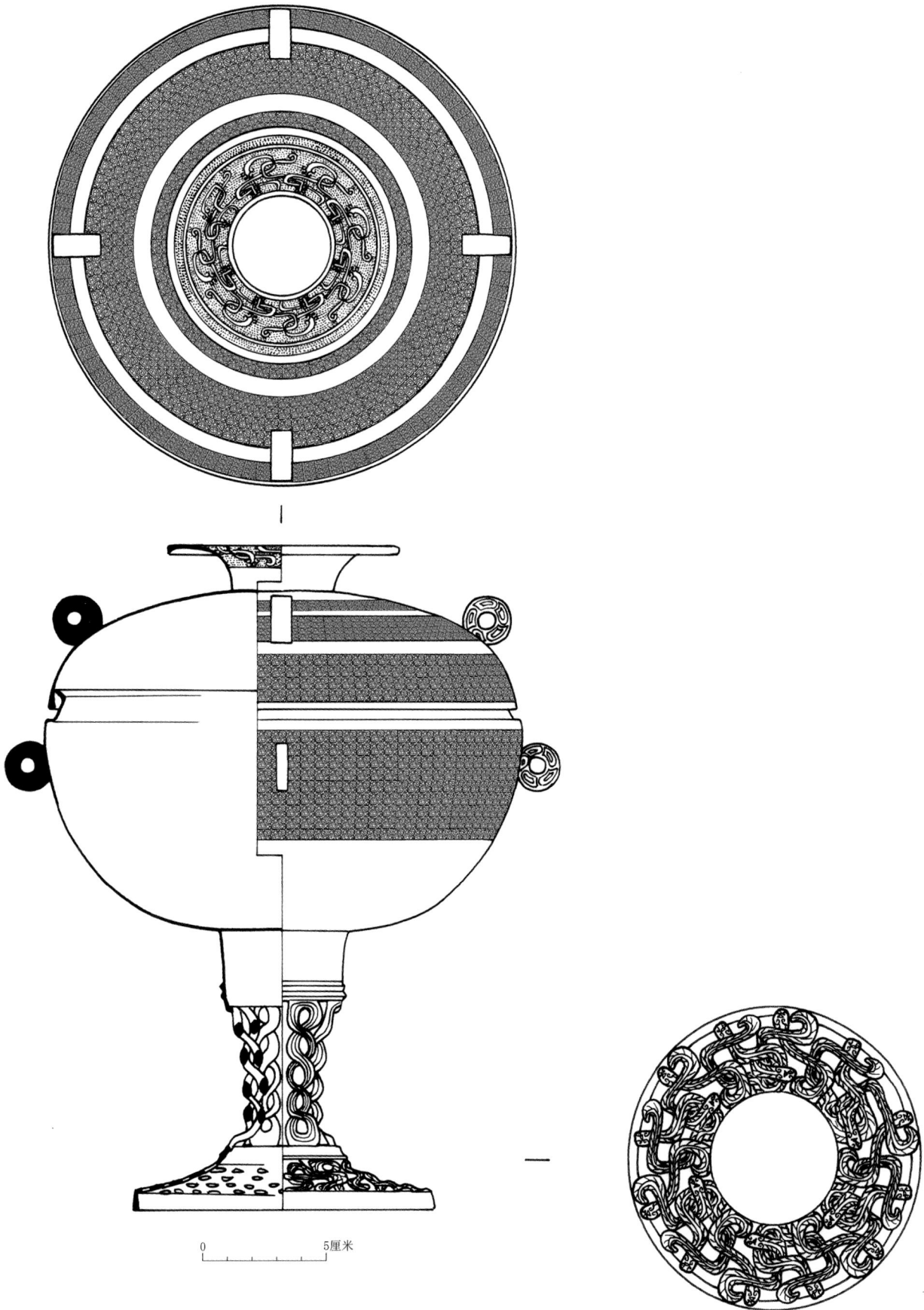

0　　　　　5厘米

076

素面盖豆

·····

战国
出自 2014 西城花园南苑小区 M489
口径 17.4、通高 16.8 厘米

·····

盖弧顶方唇，盖顶中央有一喇叭状捉手；子口承盖，方唇，唇部加厚，弧腹，
圜底，上腹部有一对对称的环钮；矮粗柄，中空，喇叭座。通体素面。

077

蟠螭纹盖豆

战国
出自 2015 梨河中心社区 M69
口径 19、底径 12.8、通高 31 厘米

盖弧顶方唇，顶上有四个环形钮，盖顶中央有一喇叭状捉手；子口承盖，方唇，唇部加厚、弧腹、圜底，上腹部有四个环形钮；高柄，中空，喇叭座。盖顶中央饰涡纹，盖面上饰四圈蟠螭纹带，间以素宽凹带，捉手上饰一圈由多条夔龙纹组成的纹饰带；上腹部饰两圈蟠螭纹带，下腹部饰一圈蟠螭纹和一圈叶形纹，叶形纹内填一组蟠螭纹；器座上有一圈交缠的蟠螭组成的纹饰带。

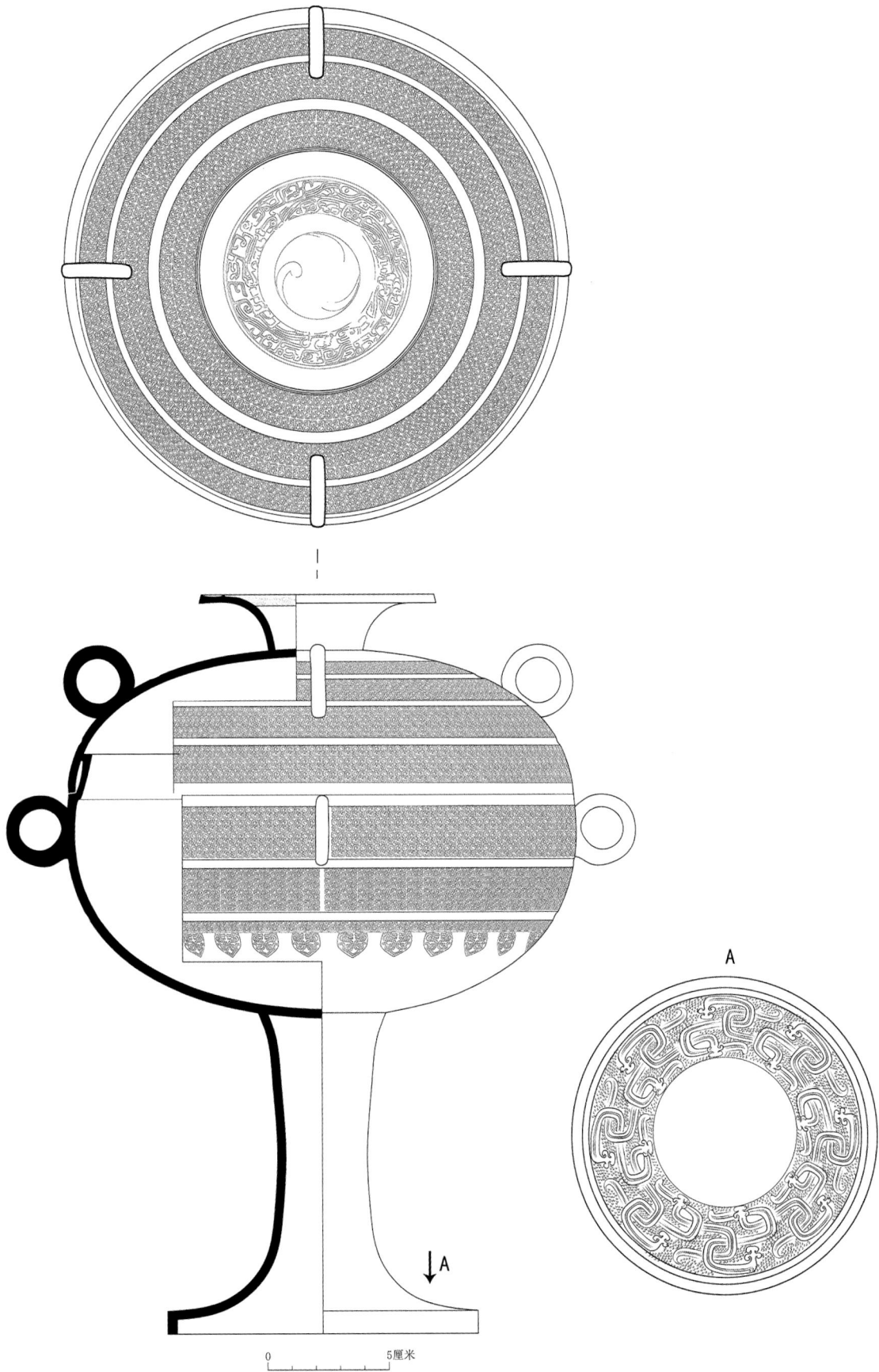

0   5厘米

078

素面附耳甗

....

春秋
出自 2010 龙湖兴田 M3
口径 23、底径 12.5、通高 17.5 厘米

....

折沿方唇，束颈，弧腹，平底，底部有许多长条形箅孔，矮圈足较直；
沿下有一对对称的方附耳，较直。

079

素面罍

春秋
出自 2014 西城花园南苑小区 M609
口径 24.4、腹径 27.3、底径 16.2、通高 19.5 厘米

敞口，方唇，颈较直，广圆肩，斜腹微弧，平底。肩部有一对对称的兽形耳，兽首面目较清晰，躬身回首，尾巴上翘，兽形耳上套一个圆环，环上饰卷云纹。

080

素面罍

春秋
出自 2014 西城花园南苑小区 M609
口径 17.6、腹径 28.4、底径 14.6、高 22.2 厘米

敞口，方唇，颈较直，广圆肩，斜腹微弧，平底。肩部有一对对称的兽形耳，兽首面目较清晰，躬身回首，尾巴上翘，兽形耳上套一个圆环，环上饰卷云。

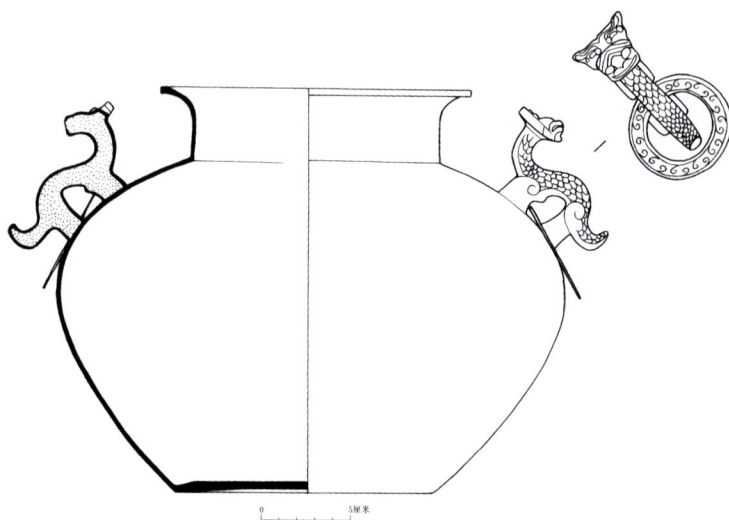

0   5厘米

081

蟠虺纹罍

春秋
出自 2021 黄帝故里景区 M33
口径 20.4、底径 19、高 25.9 厘米

折沿方唇，矮直领，鼓肩，深弧腹，平底内凹；肩部有一对兽形耳和四个圆饼状凸起，下腹与底部交接处附三蹄足，蹄足教粗矮，截面近圆形。肩部饰由宽带纹、蟠虺纹和勾连三角云纹组成的纹饰带；圆饼状凸起上饰蟠虺纹。

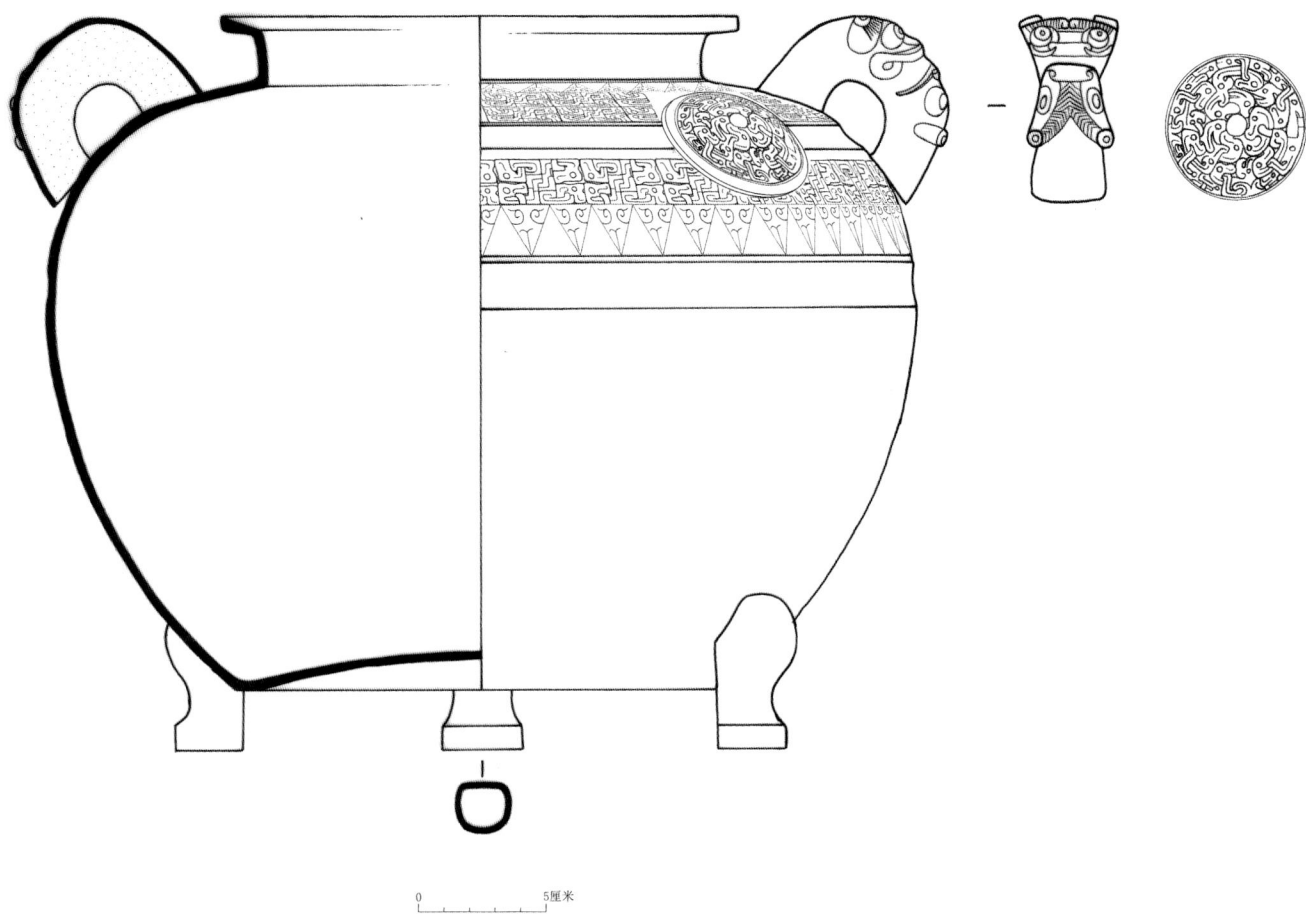

0　　　5厘米

082

蟠虺纹罍

春秋
出自 2021 黄帝故里景区 M33
口径 20.2、底径 17.8、高 27.2 ～ 29.1 厘米

折沿方唇，矮直领，鼓肩，深弧腹，平底内凹；肩部有一对兽形耳和四个圆饼状凸起，下腹与底部交接处附三蹄足，蹄足
教粗矮，截面近圆形。肩部饰由宽带纹、蟠虺纹和勾连三角云纹组成的纹饰带；圆饼状凸起上饰涡纹、蟠虺纹和三角云纹。

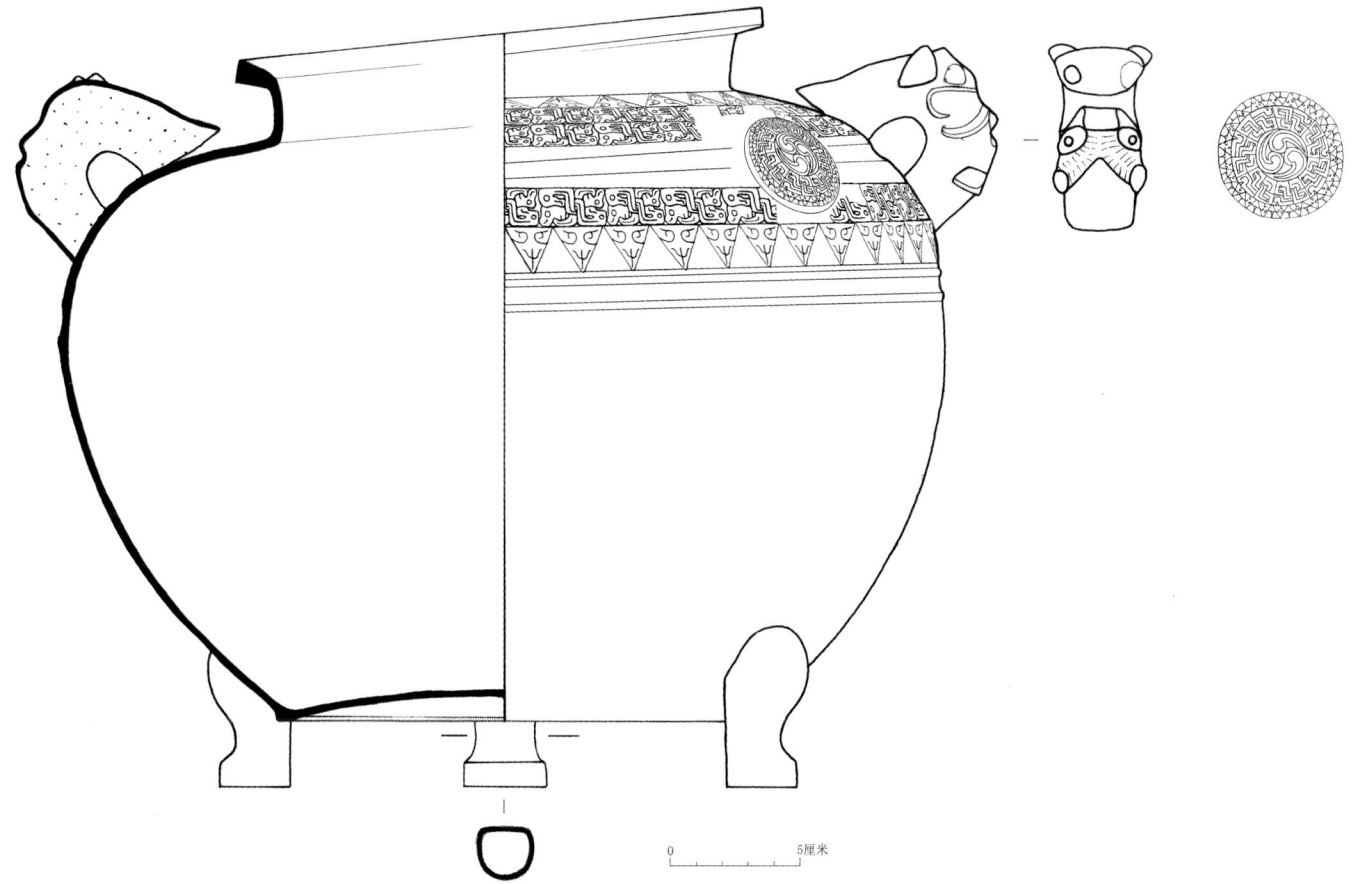

0   5厘米

083

素面方壶

春秋
出自 2010 龙湖兴田 M3
口长 7.8、口宽 3.9、高 19.8 厘米

器身宽扁，正面略鼓，背面扁平；侈口，方唇，颈微束，溜肩，弧腹，平底；颈部有一堆对称的环耳。

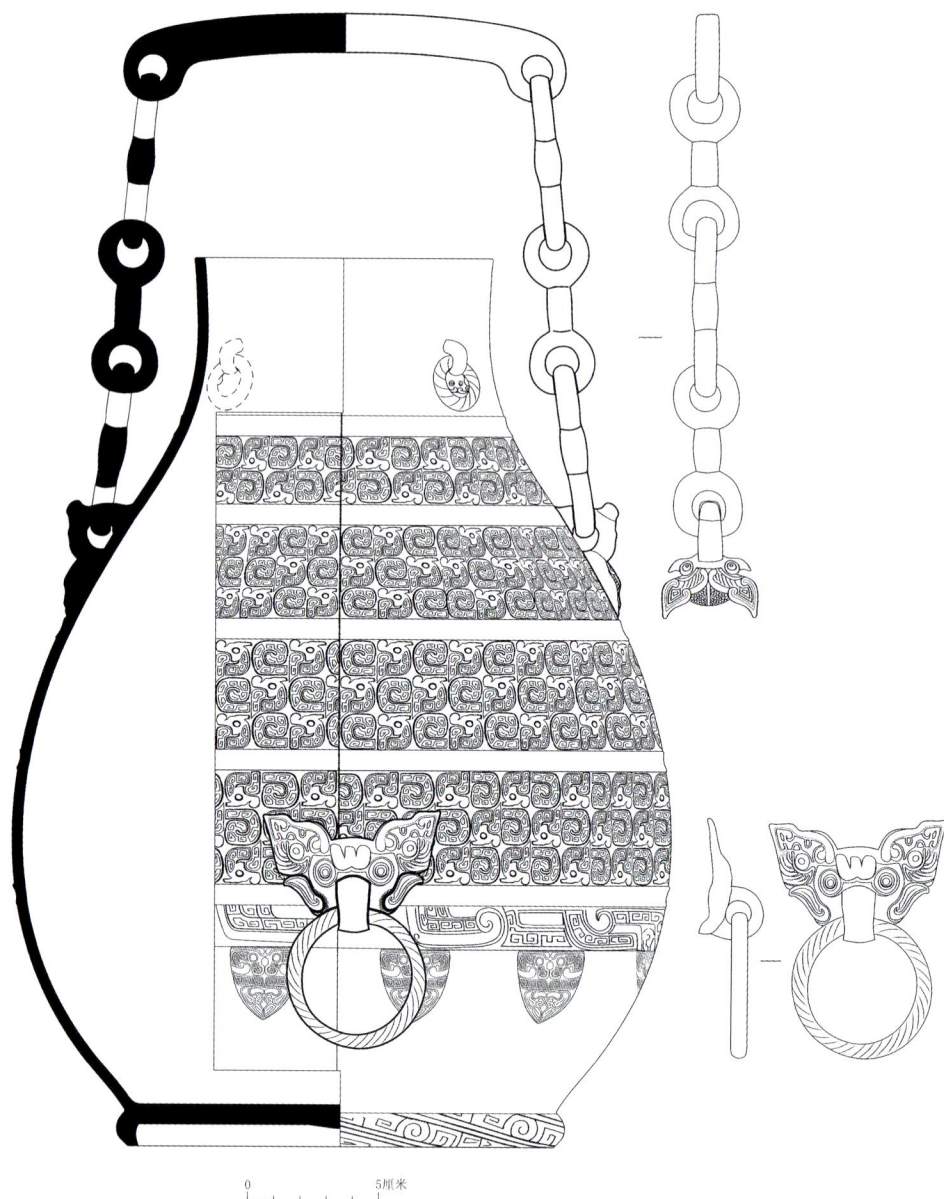

0 ____ 5厘米

084

蟠虺纹圆壶

战国
出自 2011G107 改道三里堂 M62
口径 11.3、圈足径 16.3、通高 32.7 厘米

直口，方唇，颈微束，上有四个倒置的衔环铺首；溜肩，肩部有一对倒置的铺首，铺首衔一根七节铁链，形成提梁；弧腹，
上有一个衔环铺首，平底，矮圈足。从颈部到上腹部饰四圈蟠虺纹带，下腹部饰一周雷纹地卷云纹和三角纹，三角纹内填
一组蟠螭纹，各纹饰带间为素宽带。铺首衔环饰绞索纹，圈足饰斜云雷纹。

085

蟠虺纹铜壶盖

战国
出自 2004 二中东区门面房 T12H69
直径 12 厘米

弧顶斜方唇，内有盖舌，顶上有三个 Q 形钮，盖
面饰两圈蟠虺纹和两圈凸起的素宽带，宽带内均
嵌红铜。

086

素面铜壶盖

战国
出自 2004 二中东区门面房 T12H69
直径 11.4 厘米

弧顶方唇，内有盖舌，顶上有三个 Q 形钮。

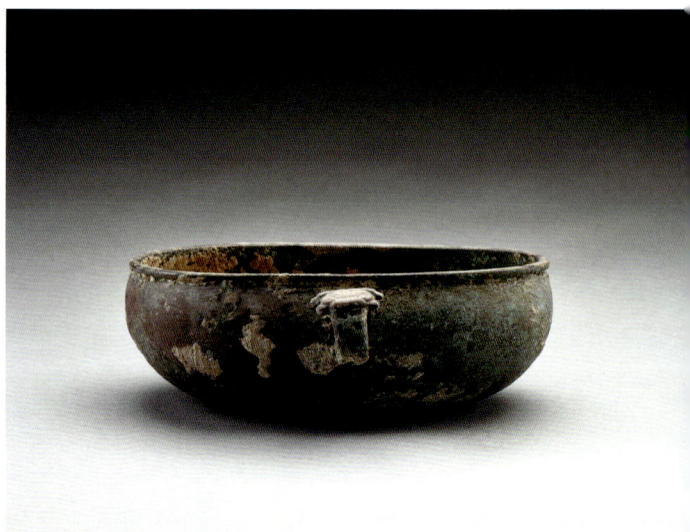

087

平底舟

春秋
出自 2003 兴弘花园 M35
口径长 17.1、宽 12.4、底径长 6、高 5.9 厘米

窄平折沿，圆唇，鼓腹，平底；腹部两侧有一对对称的兽形扁环耳。

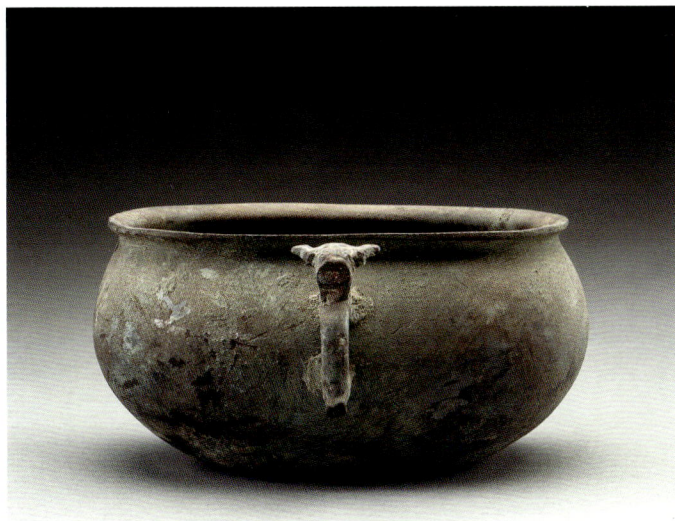

088

平底舟

春秋
出自 2003 兴弘花园 M42
口径长 13.9、宽 10.8、底径长 6.7、高 7.3 厘米。

卷沿，方唇，鼓腹，平底，腹部两侧有一对对称
的兽形环耳

089

平底舟

春秋
出自 2003 兴弘花园 M100
口径长 16、宽 10.8、底径长 6.5、高 7.4 厘米

卷沿，尖唇，鼓腹，平底，腹部两侧有一对对称
的扁环耳。通体素面。

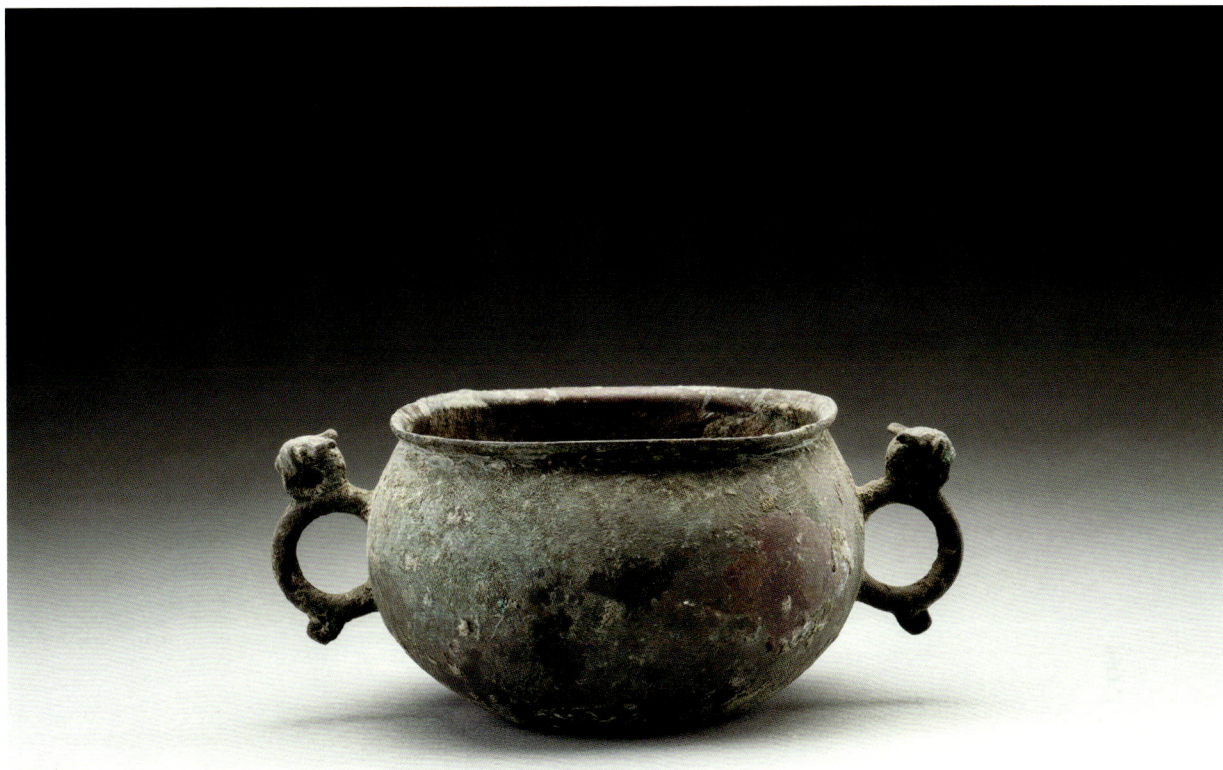

090

平底舟

春秋
出自 2004 兴弘花园 M121
口径长 14.3、宽 10.8、高 7.3 厘米

卷沿，方唇，鼓腹，平底，腹部两侧有一对对称的
兽形环耳。

0   5厘米

091

四足舟

春秋
出自 2004 防疫站 M6
口长 18.6、宽 13.6、通高 11.2 厘米

盖直口方唇，弧顶，顶上有一镂空捉手，由八条交缠蟠蛇衔环而成；器身口微侈，圆唇、鼓腹、圈底；器身两侧有一对对称的兽形耳，四蹄形较高，截面呈马蹄形。足根饰兽面形纹。

092

四足舟

战国
出自 2008 中华北路 M42
口径长 16.2、宽 12.2、通高 8.8 厘米

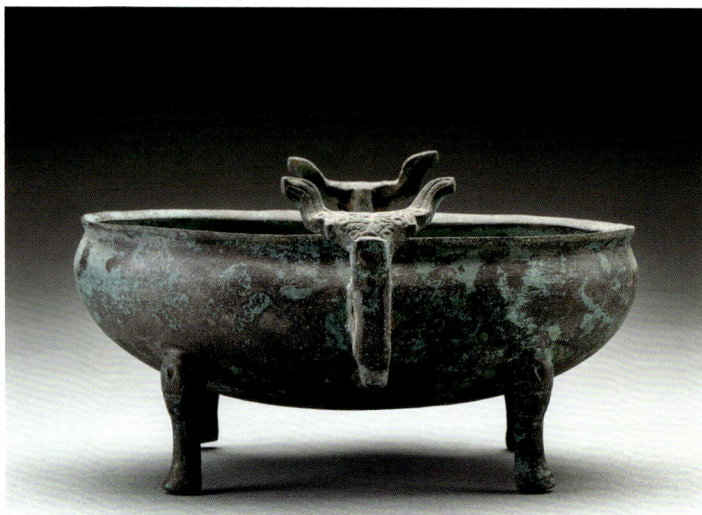

敞口，圆唇，束领，弧腹，圜底；器身两侧
有一对对称的兽形耳，四兽蹄足较细高，截
面半圆形。

093

平底舟

春秋
出自 2009 房管局经适房 M30
口径长 14.6、宽 12、通高 6.2 厘米

卷沿圆唇，束领，弧腹，平底；器身两侧有一对对称的兽形环耳。

094

四足舟

战国
出自 2009 房管局经适房 M46
口径长 13、宽 10、通高 6.7 厘米

敞口，圆唇，束领，弧腹，圜底；器身两侧有一对对称的兽形耳，四兽蹄足较矮，截面近圆形。

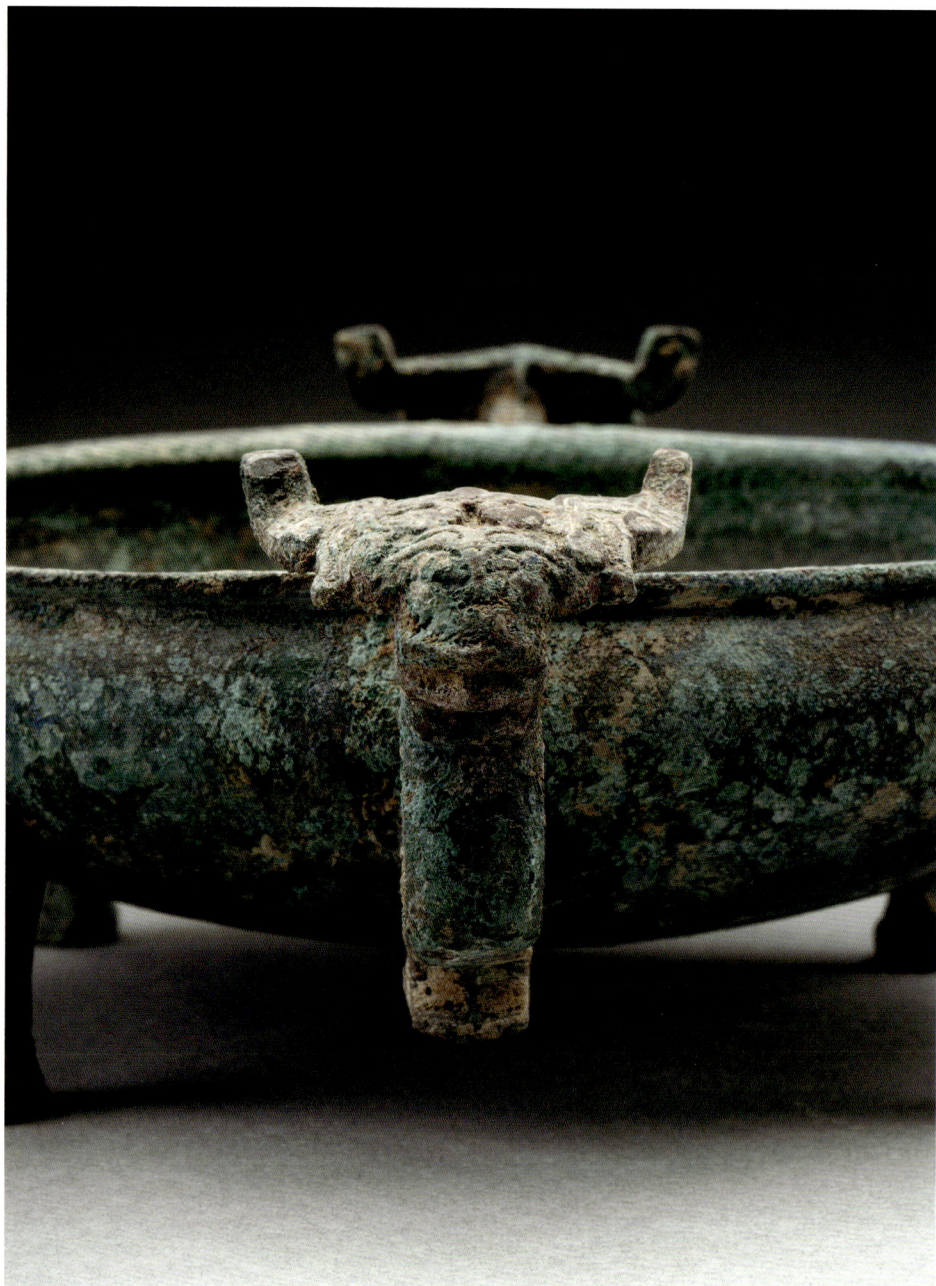

095

四足舟

春秋
出自 2010 龙湖兴田 M3
口长 17、宽 13、通高 7.6 厘米

敞口，圆唇，束领，弧腹，圜底；器身两侧有一对对称的兽形耳，四兽蹄足较矮，截面近圆形。

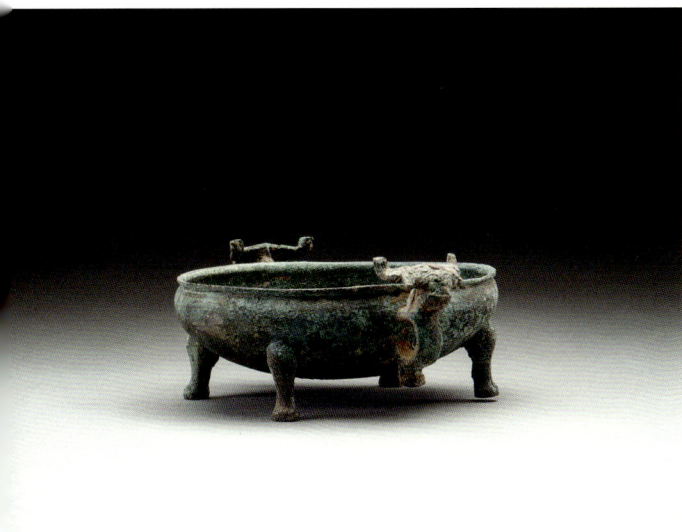

096

四足舟

———

春秋
出自 2012 弘远路 M10
口长 22.7、宽 14.6、通高 27.8 厘米

盖直口方唇，弧顶，顶上有一镂空提手，由多条无头蟠蛇交缠连环而成；器身敞口，尖圆唇，束领，弧腹，圜底；器身两侧有一对对称的兽形耳，四兽蹄足较高，截面呈半圆形。足根部饰兽面纹。

097

平底舟

战国
出自 2012 郑韩电器 M81
口长 16、宽 12.6、高 6.2 厘米

口微敛，方唇，腹微弧，平底，腹部两侧有一对对称的环耳。

098

四足舟

战国
出自 2012 郑韩电器 M147
口长 17.3、宽 12.3、通高 8.4 厘米

折沿尖唇，束颈，弧腹，圜底；腹部有一对对称的兽形耳，四蹄足较细，截面半圆形。

099

平底舟

战国
出自 2014 西城花园南苑小区 M49
口长 13.5、宽 10.9、高 6.6 厘米

卷沿圆唇、束领、弧腹、平底；器身两侧有一对对称的环耳。通体素面。

100

四足舟

战国
出自 2014 西城花园南苑小区 M149
口长 15.5、宽 11.1、通高 6.3 厘米

敞口，方唇，束领，弧腹，圜底；器身两侧有一对对称的兽形耳，四兽蹄足较矮，截面近圆形。

101

四足舟

春秋
出自 2014 西城花园南苑小区 M218
口长 19.3、宽 14.5、通高 13 厘米

盖直口方唇，弧顶，顶上有一镂空捉手，由多条交缠无头蟠螭连环而成；器身敞口、圆唇、束领、弧腹、圜底；器身两侧有一对对称的兽形耳，四足为立兽，面目及细节清晰。捉手外圈饰一周重环纹。

0   5厘米

102

平底舟

春秋
出自 2014 西城花园南苑小区 M227
口径 16.5、底径 8.0、高 7.8 厘米

平面近圆形。口微敛，腹微弧，平底，腹部两侧有一对对称的兽形耳。

103

四足舟

战国
出自 2014 西城花园南苑小区 M277
口长 16.5、宽 12、高 7.4 厘米

敞口，尖圆唇，束领，弧腹，圜底；器身两侧有一对对称的兽形耳，四兽蹄足较矮，截面近圆形。

104

圈足舟

春秋
出自 2014 西城花园南苑小区 M338
口长 12.5、宽 12.0、高 9.0 厘米

平面近似圆形，敞口圆唇，束领，弧腹，圜底，矮
圈足，上腹部有两个对称的环耳。腹部饰一圈由
多条盘螭组成的纹饰带，圈足上有一道凹槽和多
道不甚明显的斜向划纹。

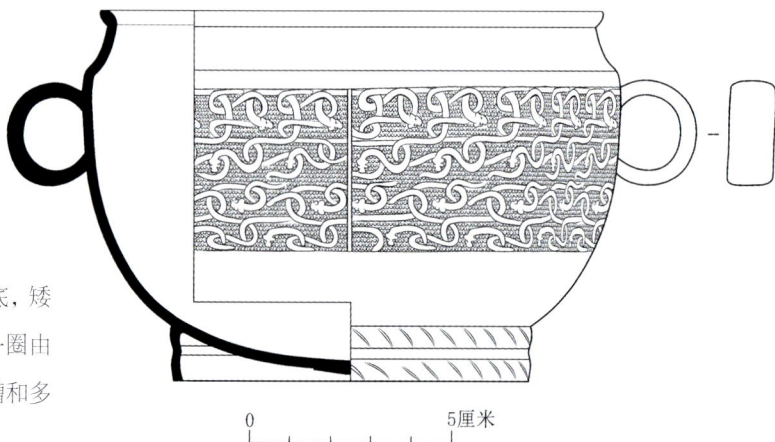

0 　　　　　　5厘米

105

四足舟

战国
出自 2014 西城花园南苑小区 M383
口长 16.6、宽 12.1、高 8.1 厘米

敞口，尖唇，束领，弧腹，圜底；器身两侧有一对对称的兽形耳，四兽蹄足较矮，截面半圆形。足面饰兽面纹。

106
平底舟

春秋
出自 2014 西城花园南苑小区 M580
口长 16.1、宽 11.7、通高 5.3 厘米

折沿极窄，尖圆唇，无领，弧腹，平底，器身两侧有一对对称的兽形耳。

107

四足舟

战国
出自 2014 西城花园南苑小区 M606
口径长 17.2、宽 12.5、通高 8.2 厘米

敞口、圆唇、束领、弧腹、圜底；器身两侧有一对对
称的兽形耳，四兽蹄足较矮，截面半圆形。

108
四足舟

春秋
出自 2014 西城花园南苑小区 M609
口长 16.4、宽 12.8、通高 8.5 厘米

敞口，圆唇，束领，弧腹，圜底；器身两侧有一对对称的兽形耳，四兽蹄足较矮，截面近圆形。足面饰兽面纹。

109

四足舟

战国
出自 2014 西城花园南苑小区 M662
口长 13.7、宽 10.5、通高 6.3 厘米

敞口，圆唇，束领，弧腹，圜底；器身
两侧有一对对称的兽形耳，四兽蹄足较
矮，截面近圆形。足面饰兽面纹。

110

四足舟

———

春秋
出自 2014 西城花园南苑小区 M681
口长 19.6、宽 14、通高 7.9 厘米

敞口，圆唇，束领，弧腹，圜底；器身两侧有一对对称的兽形耳，四足为立兽、面目及细节清晰。

0   5厘米

111

平底舟

春秋
出自 2014 西城花园南苑小区 M687
口长 14.4、宽 13、高 6 厘米

敞口，方唇，弧腹，平底；器身两侧有一对对称的兽形耳，兽面清晰。

112

平底舟

春秋
出自 2014 西城花园南苑小区 M690
口径长 14.8、宽 11、通高 6 厘米

卷沿，圆唇，弧腹，平底；器身两侧有一对对称的兽形耳。

113

平底舟

春秋
出自 2014 西城花园南苑小区 M931
口长 13.2、宽 10.5、高 7.4 厘米

卷沿，圆唇，鼓腹，平底，腹部两侧有一对对称的兽形环耳。

114

四足舟

春秋
出自 2014 西城花园南苑小区 M975
口长 16.5、宽 11.7、通高 6.7 厘米

敞口，圆唇，束领，弧腹，圜底。器身两侧有一对对称的兽形耳，四兽蹄足较矮，截面近圆形。足面饰兽面纹。

郑风韩韵·ZHENG FENG HAN YUN

115

平底舟

春秋
出自 2014 西城花园南苑小区 M1004
口长 15.2、宽 13.6、通高 6.18 厘米

口微敛，弧腹，平底；器身两侧有一对环耳。

116

四足舟

春秋
出自 2015 中华南路拓宽 M15
口长 17.2、口宽 13.6、高 9.9 厘米

敞口，尖圆唇，束领，弧腹，圜底；器身两侧有一对对称的兽形耳，四兽蹄足较高，截面近圆形。

117

四足舟

战国
出自 2016 康富威 M210
口长 15、宽 11.6、通高 6.8 厘米

敞口，圆唇，束领，弧腹，圜底；器身两侧有一对对称的兽形耳，四兽蹄足较矮，截面半圆形。足
面饰兽面纹。

118

平底舟

春秋
出自 2016 康富威 M218
口长 17、宽 12.5、高 5.9 厘米

折沿方唇，无领，弧腹，平底；器身两侧有一对对称的兽形耳。

119

四足舟

春秋
出自 2016 康富威 M231
口长 15.2、宽 11.6、高 6.8 厘米

敞口，圆唇，束领，弧腹，圜底；器身两侧有一对对称的兽形耳，四兽蹄足较矮，截面近圆形。足面饰兽面纹。

120

平底舟

春秋
出自 2016 新烟路南延 M3
口长 13.6、宽 10.9、高 7 厘米

敞口、圆唇、束领、弧鼓腹、平底；器身两侧有一对对称的兽形耳。

121

四足舟

春秋
出自 2017G107 改道泥河寨 M59
口长 16.3、宽 12、高 7.8 厘米

敞口，圆唇，束领，弧腹，圜底；器身两侧有一对对称的兽形耳，四兽蹄足较矮，截面近圆形。

122

平底舟

春秋
出自 2018 新京蓝苑 I 区 M9
口长 13.9、宽 10.4、高 7.4 厘米

敞口，圆唇，束领，弧鼓腹，平底；器身两侧有一对对称的兽形耳。

123

平底舟

春秋
出自 2020 新京蓝苑Ⅲ区 M20
口长 14、宽 11、高 7.4 厘米

敞口，圆唇，束领，弧鼓腹，平底；
器身两侧有一对对称的兽形耳。

124

平底舟

春秋
出自 2020 新京蓝苑Ⅲ区 M191
口长 15、宽 11.6、高 6.1 厘米

卷沿圆唇，束领，弧鼓腹，平底；器
身两侧有一对对称的兽形耳。

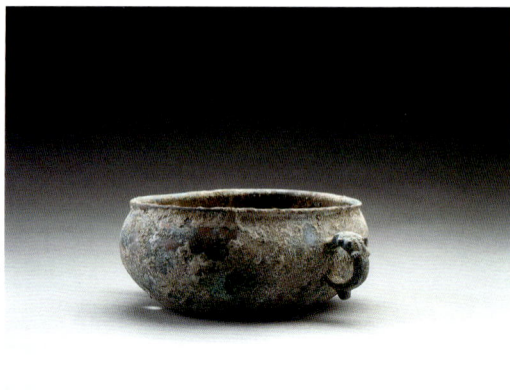

125

平底舟

春秋
出自 2021 沈庄安置区 M16
口径长 15.0、宽 11.8、底径长 9.3、宽 7.2、高 6.7 厘米

卷沿，圆唇，鼓腹，平底；腹部两侧有一对对称的兽形扁环耳。

126

四足舟

春秋
出自 2021 沈庄安置区 M17
口长 18、宽 13.7、高 8.8 厘米

敞口，圆唇，束领，弧腹，圜底；器身两侧有一对对称的兽形耳，四兽蹄足较细矮，截面近圆形。

127

平底舟

春秋
出自 2021 沈庄安置区 M20
口长 13.5、宽 10.4、高 6.6 厘米

敞口，圆唇，束领，弧鼓腹，平底；器身两侧有一对对称的兽形耳。

128

平底舟

春秋
出自 2021 黄帝故里景区 M33
口长 16.8、宽 13.2、高 6.4 厘米

敞口，窄卷沿，尖唇，深鼓腹，平底；腹部两侧有对称兽形耳。

129

三足蟠虺纹盘

———
春秋
出自 2004 防疫站 M6
口径 42、高 9.6 厘米
———

折沿，浅腹，近平底；方附耳，耳尖外折，腹部有一对兽面衔环铺首，三蹄形足较粗壮。耳面饰
蟠螭纹，腹部饰一周由卷云纹、蟠虺纹和凸弦纹组成的纹饰带，铺首衔环上饰三角云纹，足根饰
兽面纹。

0   5厘米

130

三足蟠虺纹盘

春秋
出自 2006 西亚斯 M247
口径 38.5 厘米，高 15.7 厘米

折沿方唇，浅腹微弧，平底；方附耳，耳尖外折，腹部有一对兽面衔环铺首，三蹄形足较粗壮。耳面饰蟠螭纹，腹部饰一周由蟠虺纹和绚纹组成的纹饰带，铺首衔环上饰三角云纹，足根饰兽面纹。

131

圈足素面盘

春秋
出自 2007 仓城路小学 M18
口径 29.9、通高 8.2 厘米

折沿极窄，方唇，浅弧腹，近平底；腹部有一对对称的方附耳，耳尖较直，圈足微外撇。

132

三足素面盘

春秋
出自 2010 龙湖兴田 M3
口径 33、高 8.2 厘米

折沿，方唇，腹微弧，近平底；腹部有一对对称的方形附耳，耳尖外折，

三兽蹄足较细高，截面半圆形。耳面饰兽面纹。

133

三足素面盘

春秋
出自 2012 弘远路 M10
口径 44.8、通高 12.8 厘米

折沿、方唇、弧腹、近平底；腹部有一对对称的方形附耳，耳尖外折，兽蹄形三足较粗，截面半圆形。耳面上饰两条交缠的蟠螭纹和一个兽面纹，足面饰兽面纹。

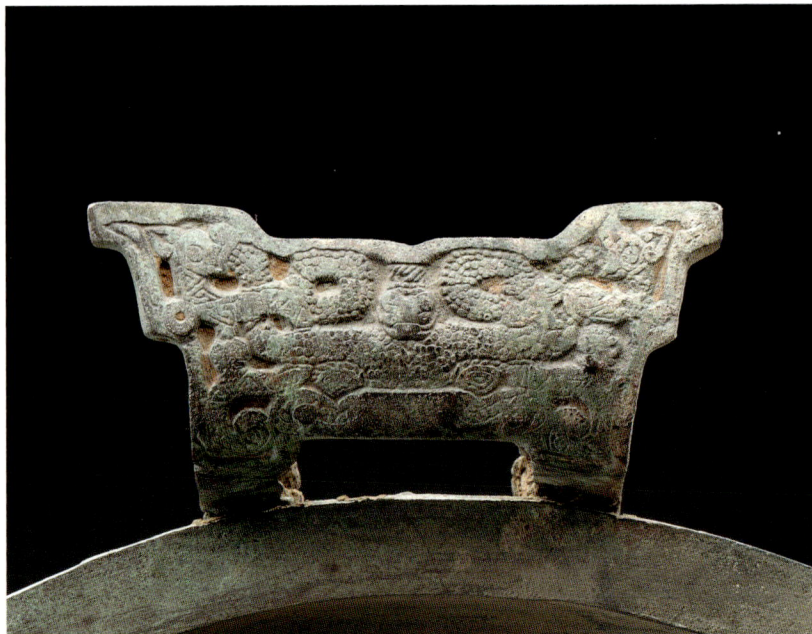

134

三足素面盘

战国
出自 2012 郑韩电器 M147
口径 37.8，高 12 厘米

平折沿，较宽，方唇，浅腹平底；方形
附耳，耳尖外折；三兽蹄足较矮，截
面半圆形。耳面上饰有蟠螭纹。

135

三足素面盘

战国
出自 2014 西城花园南苑小区 M383
口径 32.2、通高 9.9 厘米

折沿，方唇，腹微弧，圜底近平；腹
部有一对对称的方形附耳，耳尖外折，
兽蹄形三足较瘦高，截面半圆形。耳
面纹饰不甚清晰。

136

三足素面盘

春秋
出自西城花园南苑小区 M436
口径 47.8、高 11.8 厘米

折沿、方唇、弧腹、平底；腹部有一对对称的方形附耳和衔环铺首，耳尖外折；兽蹄形三足较粗，截面半圆形。耳面上饰两条交缠的蟠螭纹和一个兽面纹，铺首面目不清。

137

三足素面盘

战国
出自 2014 西城花园南苑小区 M60⑥
口径 37.0、通高 10 厘米

折沿方唇，壁微弧，平底；方形附耳，耳尖外折；三兽蹄足较直，截面呈半圆形。耳面上有纹饰，已模糊不清。

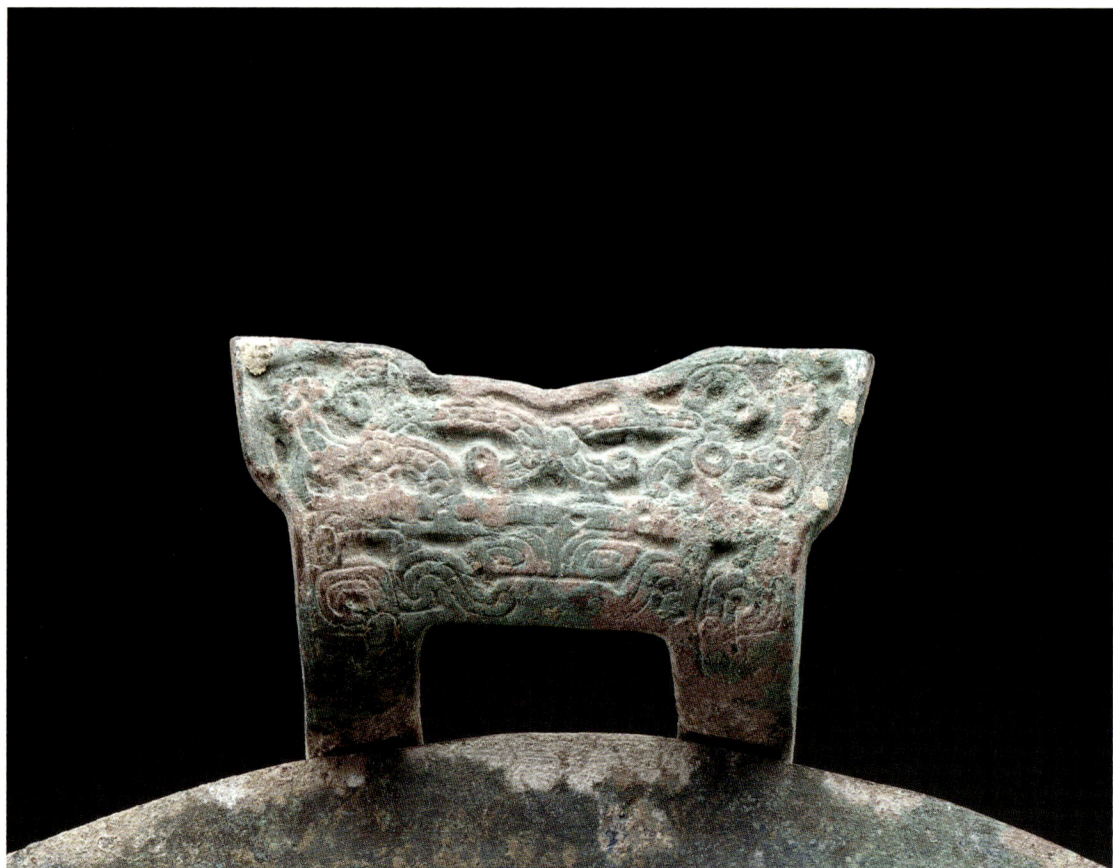

138

素面三足盘

春秋
出自 2014 西城花园南苑小区 M662
口径 27.7、通高 4.92 厘米

折沿，方唇，腹微弧，平底；口
沿外有一对对称的方形附耳，三
足残佚。

139

三足蟠螭纹盘

春秋
出自 2014 西城花园南苑小区 M681
口径 43.0、高 14.4 厘米

折沿，方唇，弧腹，圜底；双附耳外折，腹部有一对兽面衔环铺首；三蹄形足较粗壮，截面近椭
圆形。耳面饰交缠的蟠螭纹，腹部饰一圈蟠螭纹，足根部为兽面纹。

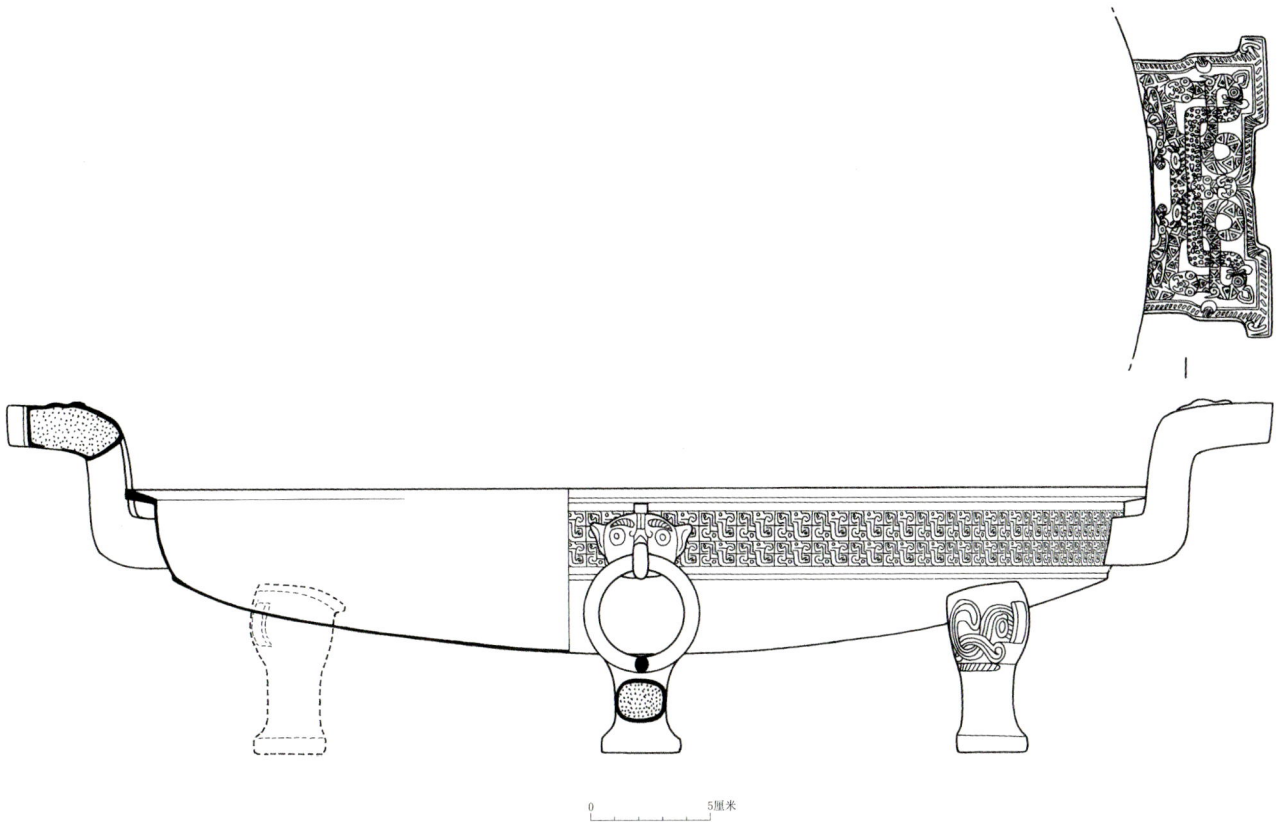

0   5厘米

140

三足素面盘

战国
出自 2015 公立医院 M139
口径 31.8、通高 7 厘米

折沿，方唇，弧腹，平底；腹部有一对对称的双环耳，三兽蹄足外撇。通
体素面。

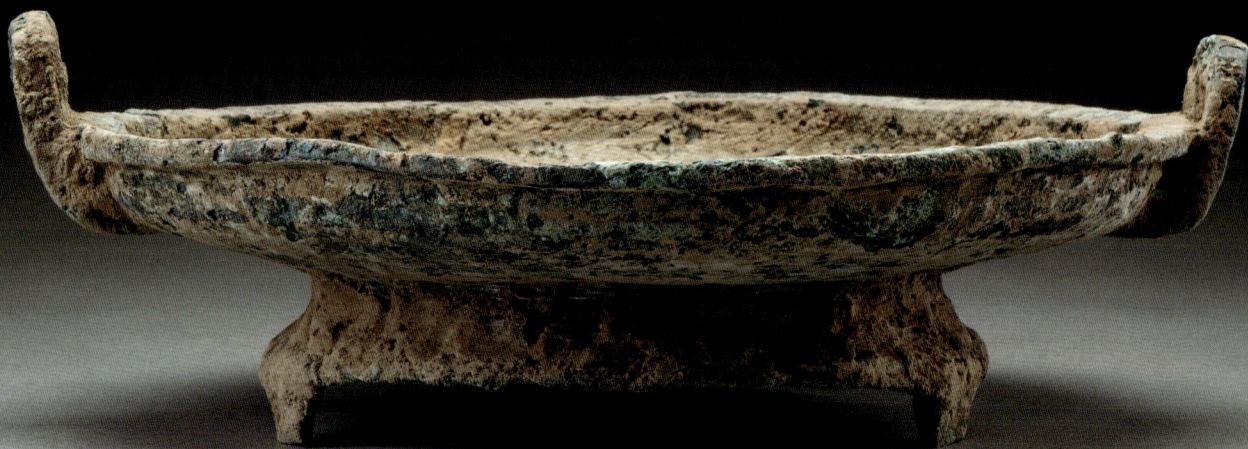

141

圈足素面盘

春秋
出自 2019 仓城小学 Ⅱ 区 M31
口径 29.2、圈足径 19.8、高 10.5 厘米

折沿较宽，方唇，弧腹，浅圜底；腹部有一对对称的方附耳，耳尖较直；圈足上部收束，下部外撇，圈足下有三个扁足。

142

三足素面盘

春秋
出自 2022 沈庄安置区 M20
口径 35.7、高 10.5 厘米

折沿，方唇，弧腹，平底；腹部有一
对对称的方形附耳，耳尖外折；兽蹄
形三足较粗壮，截面近圆形。耳面上
饰兽面纹。

143

三足素面盘

春秋
出自 2022 沈庄安置区 M21
口径 36.8、高 10.3 厘米

折沿，方唇，弧腹，平底；腹部有一对对称的方形附耳，耳尖外折；兽蹄形三足较粗壮，截面近圆形。耳面上饰兽面纹。

144

三足素面盘

春秋
出自 2021 黄帝故里景区 M33
口径 40、高 14 厘米

窄折沿，方唇，口微敛，浅腹，平底；方形附耳，耳尖外折；三蹄足
较粗矮，截面近圆形。附耳正面饰浅浮雕蟠螭纹。

145

三足兽形匜

———

春秋
出自 2004 防疫站 M6
长 29.6、高 13.4 厘米

———

兽形器身。流为兽首，兽面清晰，兽口大张；壁微弧，圜底，尾端有一兽形錾；三足兽蹄形，前二足截面椭圆形，后足截面半圆形。后足素面，两前足根饰重环纹和云雷纹。

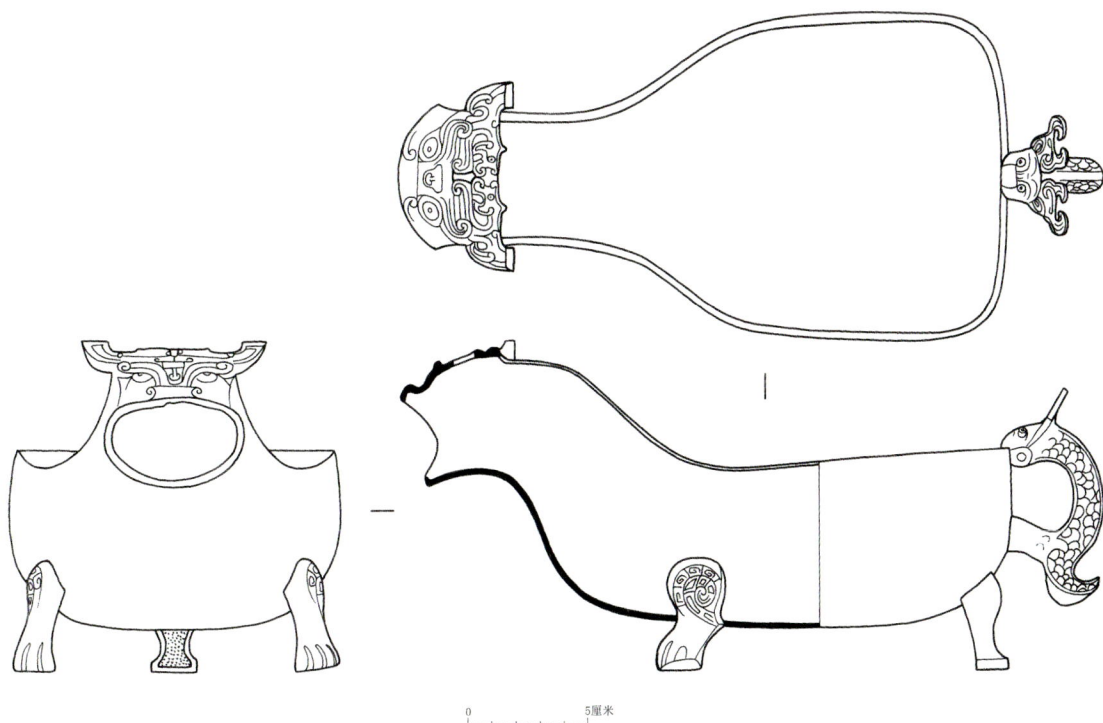

0   5厘米

146

三足兽形匜

春秋
出自 2006 西亚斯 M247
长 26.7、高 13.2 厘米

兽形器身。流为兽首，兽面清晰，兽口大张；壁微弧，圜底，尾端有一兽形錾；三足兽蹄形，截面半圆形。足根部有兽纹模糊不清。

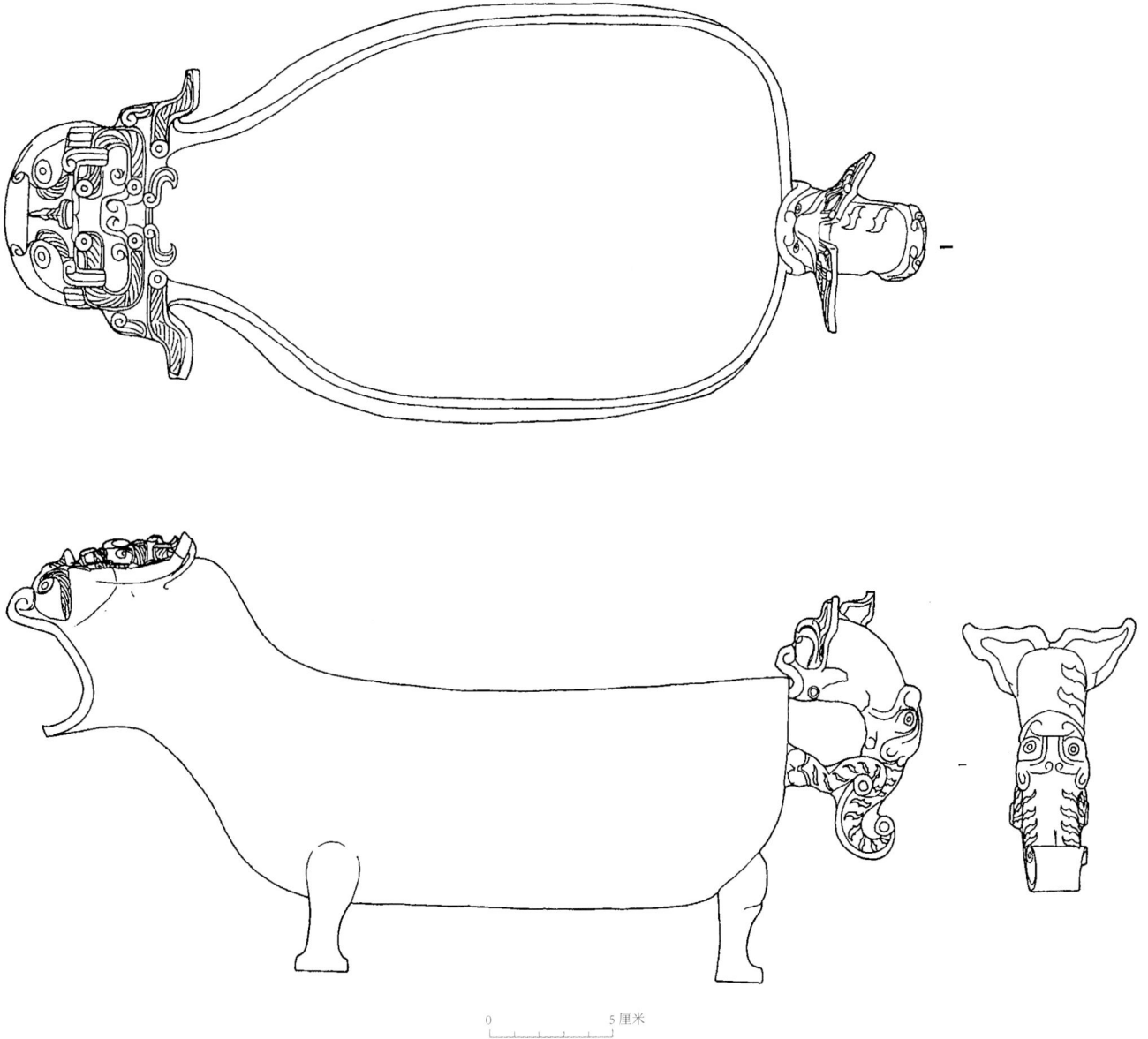

0   5 厘米

147

四足瓢形匜

春秋
出自 2007 仓城路小学 M18
长 17.1、通高 9.7 厘米

瓢形器身。流不封口，略上扬，器身近圆形，直口，腹微弧，平底，尾部鋬已残；四足扁平，足中部凹陷。上腹部至流饰一圈重环纹，足面饰几何纹。

148

三足兽形匜

战国
出自 2008 中华北路 M42
长 25.2、通高 13 厘米

兽形器身。流为兽首，兽面清晰；壁较直，圜底，尾端有一兽形錾；三足兽蹄形，截面半圆形，后足明显小于前二足。足面饰兽面纹。

149

三足兽形匜

春秋
出自 2010 龙湖兴田 M3
长 21.4、高 10.8 厘米

兽形器身。流为兽首，兽面较清晰；壁较直，圜底，尾端有一兽形錾；三足兽蹄形，截面近圆形，
后足小于前二足。足面饰兽面纹。

150
平底瓢形匜

战国
出自 2011G107 改道三里堂 M62
长 25.6、高 10.5 厘米

瓢形器身。流不封口，略上扬，器身椭圆形，直口，腹微弧，平底，尾端有一衔环錾。通体素面。

151

三足兽形匜

春秋
出自 2012 弘远路 M10
长径 22.7、通高 13.7 厘米

兽形器身。流为兽首，兽面较清晰；弧壁，圜底，尾端有一兽形錾；三足兽蹄形，截面半圆形，后
足明显小于前二足。足面饰兽面纹。

152

三足兽形匜

战国
出自 2012 郑韩电器 M147
长 23、高 13 厘米

兽形器身。流为兽首,兽面清晰;壁微弧,近平底,尾端有一兽形錾;三足兽蹄形,截面半圆形。足面饰兽面纹。

153

三足兽形匜

———

战国
出自 2014 西城花园南苑小区 M277
长 23.3、高 9.8 厘米

兽形器身。流为兽首，兽面不甚清晰；弧壁、圜底，尾端有一环形鋬；
三足兽蹄形，截面半圆形。

154

三足兽形匜

战国
出自 2014 西城花园南苑小区 M383
长 21.14、高 9.5 厘米

兽形器身。流为兽首，兽面模糊；壁较直，圜底，尾端有一兽形鋬；三足兽蹄形，截面半圆形，后足小于前二足。

155

平底瓢形匜

战国
出自 2014 西城花园南苑小区 M489
长 24.1、高 10.2 厘米

瓢形器身。流不封口，略上扬，器身椭圆形，口微敛，腹微弧，平底，尾端有一环形鋬。通体素面。

156

三足兽形匜

————

战国
出自 2014 西城花园南苑小区 M606
长 21.5、通高 11.4 厘米

————

兽形器身。流为兽首，兽面较清晰；弧壁，圜底，尾端残存安錾痕迹，錾残；三足兽蹄形，截面半圆形，后足明显小于前二足。

157

三足兽形匜

春秋
出自 2014 西城花园南苑小区 M662
长 19.8、高 9.6 厘米

兽形器身。流为兽首，兽面较清晰；壁较直，圜底，尾端有一兽形鋬；三足兽蹄形，截面半圆形，
后足明显小于前二足。足面饰兽面纹。

158

三足兽形匜

春秋
出自 2014 西城花园南苑小区 M681
长 30.4、高 12.9 厘米

兽形器身。流为兽首，兽面较清晰；弧壁、圜底，尾端有一兽形錾；三足兽蹄形，截面近圆形。足面饰兽面纹。

159

平底瓢形匜

战国
出自 2015 公立医院 M139
长 21.5、高 8.4 厘米

瓢形器身。流不封口，略上扬，器身椭圆形，直口，腹微弧，平底，
尾端有一环形錾。

160

三足兽形匜

战国
出自 2015 梨河中心社区 M69
长 27.8、高 13.6 厘米

兽形器身。流为兽首，兽面较清晰；弧壁，圜底，尾端有一兽形錾；三足兽蹄形，截面近圆形。

161

三足兽形匜

———

春秋
出自 2020 新京蓝苑 II 区 M186
长 28.0、高 12.7 厘米

———

兽形器身。流为兽首，兽面较清晰；弧壁，近平底，尾端有一兽形鋬；前二足为兽蹄形，后一足
为扁足。前二足上有鳞甲和涡云纹，后足上有涡云纹和"S"形纹

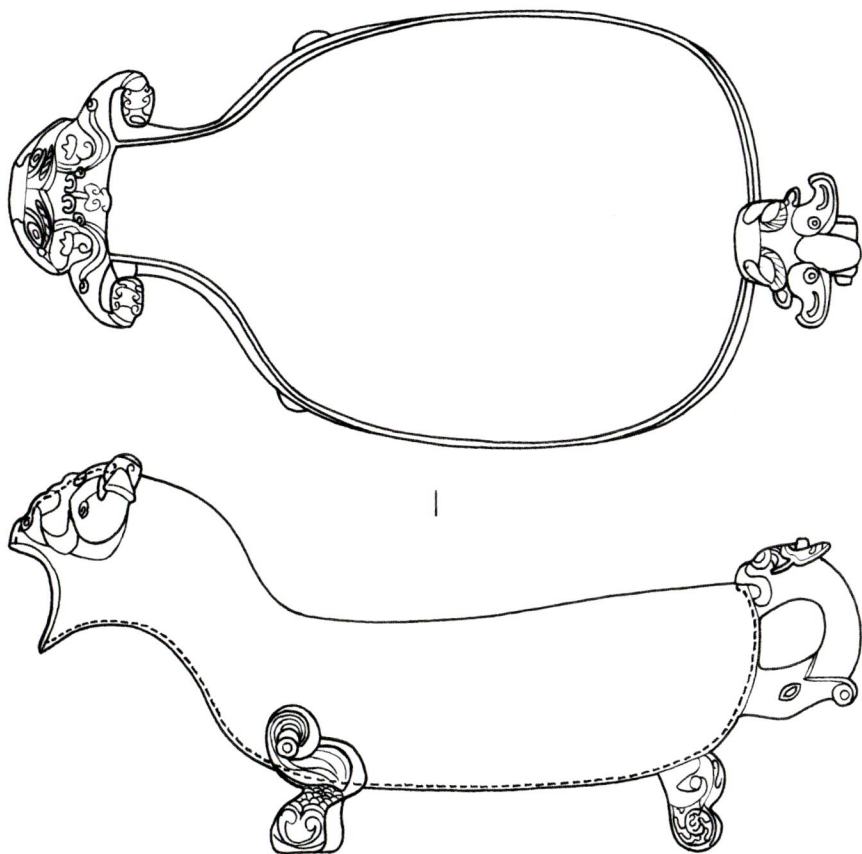

0   5厘米

162

三足兽形匜

春秋
出自 2021 鼎坛路南 M11
长 30.6、高 13.3 厘米

兽形器身。流为兽首，兽面较清晰；弧壁，圜底，尾端有一兽形鋬；兽
蹄形三足，截面近圆形。

163

三足兽形匜

春秋
出自 2021 沈庄安置区 M17
长 29.5、高 12.8 厘米

兽形器身。流为兽首，兽面较清晰；弧壁，近平底，尾端有一兽形鋬；前二足为兽蹄形，后一足为扁足。前二足上有麟甲和涡云纹，后足上有涡云纹。

164

三足兽形匜

春秋
出自 2021 沈庄安置区 M20
长 24.9、高 10.4 厘米

兽形器身。流为兽首，兽面模糊；弧壁、圜底近平，尾端有一兽形鋬；
三足兽蹄形，截面近圆形。

165

三足兽形匜

春秋
出自 2021 黄帝故里景区 M33
长 24.8、高 11.1 厘米

兽形器身。流为兽首，兽面清晰，兽口大张；壁微弧，圜底，尾端有一兽形鋬；三足兽蹄形，截面马蹄形。

166

四足盉

春秋
出自 2019 仓城小学 II 区 M31
通长 18.25、宽 2.7、通高 15 厘米

四面坡形盖，直颈，器身宽扁，近似椭圆形，前端有一管状流，后端有一半环形鋬，四足鱼鳍状，略外张。器身两侧饰一组重环纹组成的圈，圈内卷云纹。

0　　　　　5厘米

167

方内短胡戈

———

东周
出自 2006 西亚斯 M259
残长 15.5 厘米

———

援残，中部起脊，刃较锋利；短胡，上有二长条形穿，上刃近阑处有一个长方形穿；内为长方形，
上有一长条形穿。

168

方内短胡戈

东周
出自 2006 西亚斯 M273
残长 16 厘米

援残，中部起脊，刃较锋利；短胡，上有二长条形穿，上刃近阑处有一个长条形穿；内为长方形，
上有一长条形穿。

169

方内短胡戈

春秋
出自 2007 仓城路小学 M18
通长 22.1 厘米

援微上扬，中部起脊，刃较锋利；短胡，上有二长条形穿，上刃近阑处有一个半圆形穿；内为长方形，上有一长条形穿。

170

方内短胡戈

春秋
出自 2007 仓城路小学 M18
通长 22.9 厘米

援较平，中部起脊，刃较钝；短胡，上有二长条形穿，上刃近阑处有一个长方形穿；内为长方形，
上有一长条形穿。

171

方内短胡戈

战国
出自 2014 西城花园南苑小区 M606
通长 20.2 厘米

援略上扬，中部起脊，刃较钝，锋已残；中胡，上有二长条形穿，上刃近阑处有一半圆形穿；内为长方形，上有一长条形穿。阑处残存有柲的朽痕。

172

素面铍

战国
出自 2014 西城花园南苑小区 M383
长 28.9 厘米

由铍身和茎组成。铍身扁平细长，前端略窄，中部起脊，截面呈菱形，两侧近刃处有细微的凸起，两刃锋利。短茎，中部起脊，截面呈菱形。铍身后端和茎上存有木柲残痕。

173

长骹短刃矛

———

春秋

出自 2019 仓城小学 II 区 M31

长 19.5 厘米

锋残，叶形双翼，筒形长骹，直达矛锋，下部有一圆孔固定柲。

174

三棱长刃镞

东周
出自 2004 西亚斯 M47
残长 8.2 厘米

镞身三棱刃，较为修长，镞尖锋锐，铤残。

175

长铤长身钝头镞

东周
出自 2004 西亚斯 M54
通长均长 14 厘米，一镞身长 7.7，一镞身长 7.3 厘米

2 件。一为圆柱形，一为纺锤形，长铤。

176

长铤短身钝头镞

东周
出自 2005 西亚斯 M227
通长 3.2、镞身长 0.8、铤残长 2.4 厘米

子弹形镞身，极短，截面圆形；锥形铤，已残，截面近圆形。

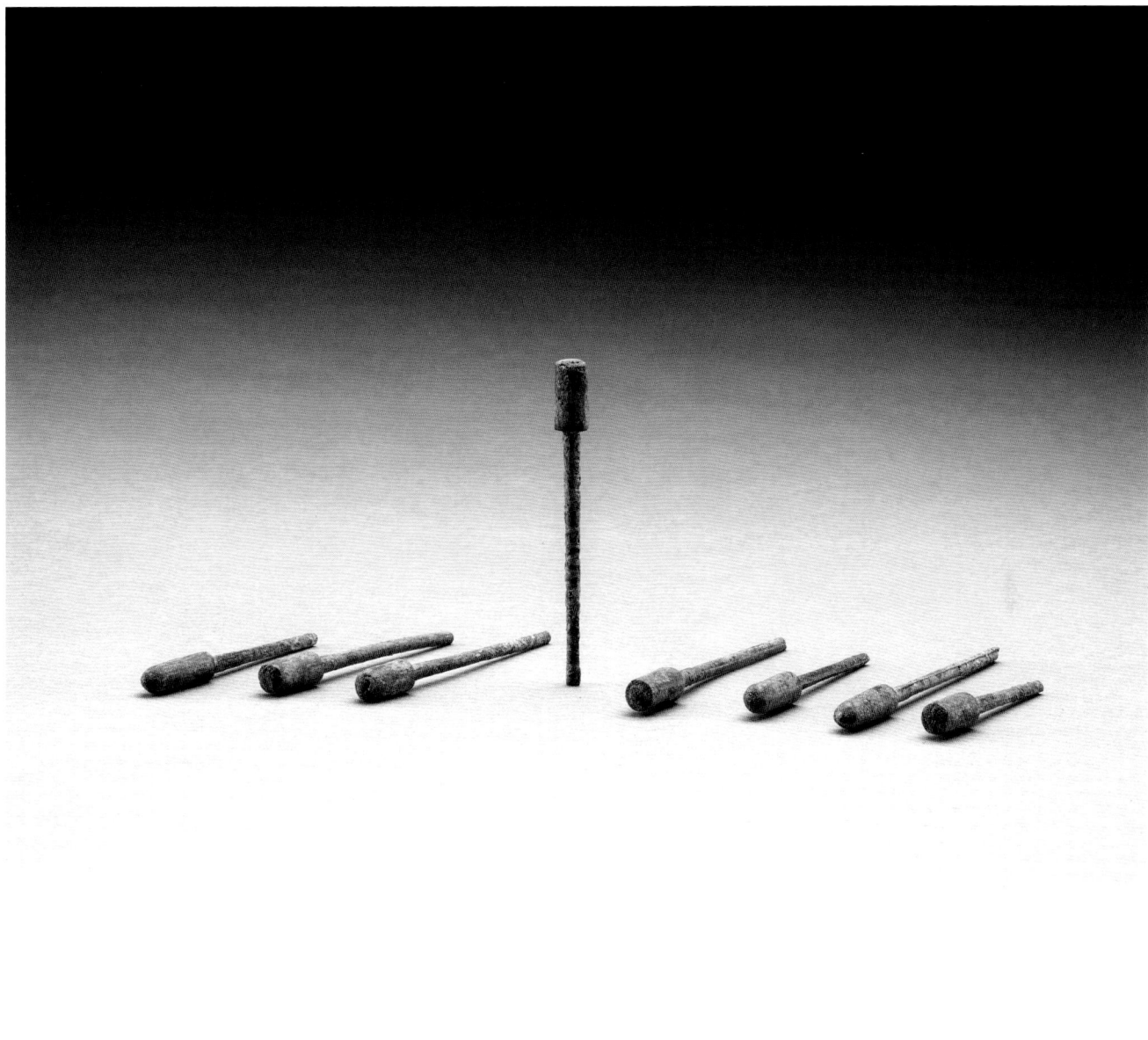

177

长铤长身钝头镞

东周
出自 2005 西亚斯 M227
通长 3.5 ～ 7.5、镞身长 1.4 ～ 2、铤长 1.7 ～ 5.5 厘米

共 8 件。子弹形镞身，较长，或圆头，或平头，截面圆形；锥形或棍形铤，截面近圆形。

178

三棱镞

春秋
出自 2010 龙湖兴田 M3
长 6.9 厘米

3 枚。铜箭镞。形态、大小相若。三棱翼，尖和刃锋利；铤呈三棱锥状，端细，上有三道范线。

179

双翼镞

战国
出自 2014 西城花园南苑小区 M606
长度依次为 6.1、5.6、5.4 厘米

3 件。形制相同，大小略有差异。双翼较直，与脊之间存在一定的距离，有铤，铤截面为椭圆形，两侧各有一道范线。

180

错金钝头镞

————

战国
出自 2011G107 改道三里堂 M62
长 7.2 厘米

镞身圆棍形，平头无尖，较粗，近铤处较细，截面呈圆形；铤逐渐变细，截面近圆形。镞身上有
两圈错金纹饰，上圈为四个相连心形，下圈为四个相连心形加一竖条。

181

钝头镞

春秋
出自 2014 西城花园南苑小区 M218
残长 7.5 厘米

镞身圆棍形，平头无尖，较粗，近铤处较细，截面呈圆形；铤残，截面近圆形。

182

钝头镞

战国
出自 2014 西城花园南苑小区 M383
残长 7.7 厘米

镞身圆棍形，平头无尖，较粗，近铤处较细，截面呈圆形；铤残，截面近圆形，两侧各有一条范线。

183

钝头镞

战国
出自 2014 西城花园南苑小区 M606
残长 7.1 厘米

镞身圆棍形，镞头斜平，较粗，近铤处较细，截面呈圆形；铤残，截面近椭圆形，两侧各有一条范线。

184

蟠螭纹有耳軎

春秋
出自 2010 龙湖兴田 M3
高 5.2、軎身直径 5.6、座径 7.6 厘米

筒形軎身，有座，軎身近座处有一对长方形辖孔和一个方形耳；軎身饰
一圈蟠螭纹，以点纹为地。

185

素面车軎

春秋
出自 2020 新京蓝苑Ⅲ区 M20
軎身直径 2.7、座径 4.1、高 3.8 厘米

2件，大小相同。杯形軎身，宽座，軎身近座处有一对长方形辖孔。

186

兽首车辖

春秋
出自 2020 新京蓝苑Ⅲ区 M20
长 8 厘米

2 件。大小、形态相若。兽首形辖首、兽口、鼻、眼、角清晰中空；键长方体。

187

马衔

春秋
出自 2010 龙湖兴田 M3
长 22.5 厘米

2 件。形制大小相若。分为 2 节，两端为椭圆形大环，中间近圆形小环相套。

188

马衔

春秋
出自 2012 弘远路 M10
长 19.4 厘米

2 件。形制大小相若。每件分为 2 节，两端为椭圆形大环，中间近圆形小环相套。

189

马衔

春秋
出自 2014 西城花园南苑小区 M681
长 17.2 厘米

2 件，形制大小相若。每件分为 2 节，两端为椭圆形大环，中间近圆形小环相套。

190

马衔

春秋
出自 2020 新京蓝苑蓝苑Ⅲ区 M20
一长 25.3、一长 21 厘米

2 件，形制相若，大小略有差异。每件分为 2 节，两端为近圆形大环，中间近圆形小环相套。

191

铜铃一组（含舌）

春秋
出自 2012 弘远路 M10
铃高 8.6-9.2 厘米，铃舌高 2.7-3.8 厘米

共 15 件，大小和形制相近。合瓦形；平舞，中有孔，上有拱形钮；铃身呈梯形，上细下大，上部多有方形镂孔；长铣。器身素面，上有打磨痕迹。同出 5 件铃舌，大小不一；均为鹿角切割打磨而成；上细下粗，上端有孔。

192

方首削刀

春秋
出自 2019 仓城小学 II 区 M31
刃宽 2.1、长 23.1 厘米

长方体削首，柄较直，略扁，宽扁削身，略
弧曲，尖残，背厚刃薄。

193

错银云纹带钩

东周
出自 2004 西亚斯 M124
长 8.6 厘米

钩身长而厚重，螭首状钩首较长，钩身弧曲，钩尾宽厚，钩
钮圆形，靠近尾部。钩身上有错银云纹。

194

雁形带钩

东周
出自 2004 西亚斯 M131
残长 6 厘米

雁形。首残，长颈，身躯及两翼半圆形，钩钮圆形，靠近尾部。钩面饰卷云纹。

195
螭首琵琶形带钩

东周
出自 2005 西亚斯 M227
长 5.9 厘米

钩体修长，螭首状钩首较短，钩身弧曲，钩尾宽扁，钩钮椭圆形，靠近尾部。

196

螭首琵琶形带钩

东周
出自 2005 西亚斯 M227
长 5.4 厘米

钩体修长，螭首状钩首略长，钩身较直，钩尾宽扁，钩钮椭圆形，靠近尾部。

197
螭首卷云纹带钩

战国
出自 2011G107 改道三里堂 M62
长 8.2 厘米

琵琶形，钩体修长，尾端略宽。钩首较长，呈鸟首状，钩身弧曲，钩尾宽扁，钩钮圆形，靠近尾部。正面镶嵌有白色玉石，钩首两侧镶嵌有小圆点形成鸟眼，钩身两侧有阴线斜向卷云纹。

198

螭首三角云纹带钩

战国
出自 2011G107 改道三里堂 M62
长 7.6 厘米

琵琶形，钩体较小，首窄尾宽。钩首较长，钩身弧曲，钩尾宽扁，钩钮近圆形，靠近尾部。正面饰三角云纹、三角纹等纹饰。

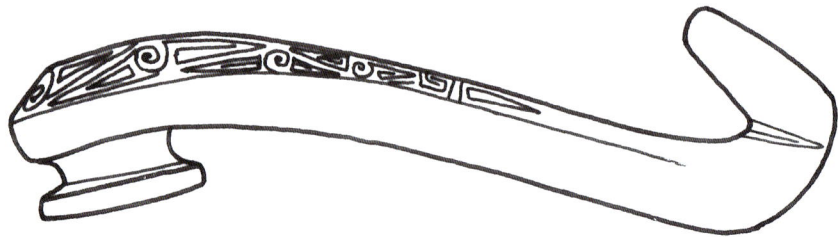

0　　　　　　　　　　　　　　　　　　　5厘米

199

螭首琵琶形带钩

———

春秋
出自 2012 弘远路 M10
长 7.8 厘米

———

钩体修长，螭首状钩首较短，钩身弧曲，钩尾宽扁，钩钮椭圆形，靠近尾部。

200

2004 防疫站 M6 铜器组合

201

2011G107 改道三里堂 M62 铜器组合

2014 西城花园南苑小区 M931 铜器组合

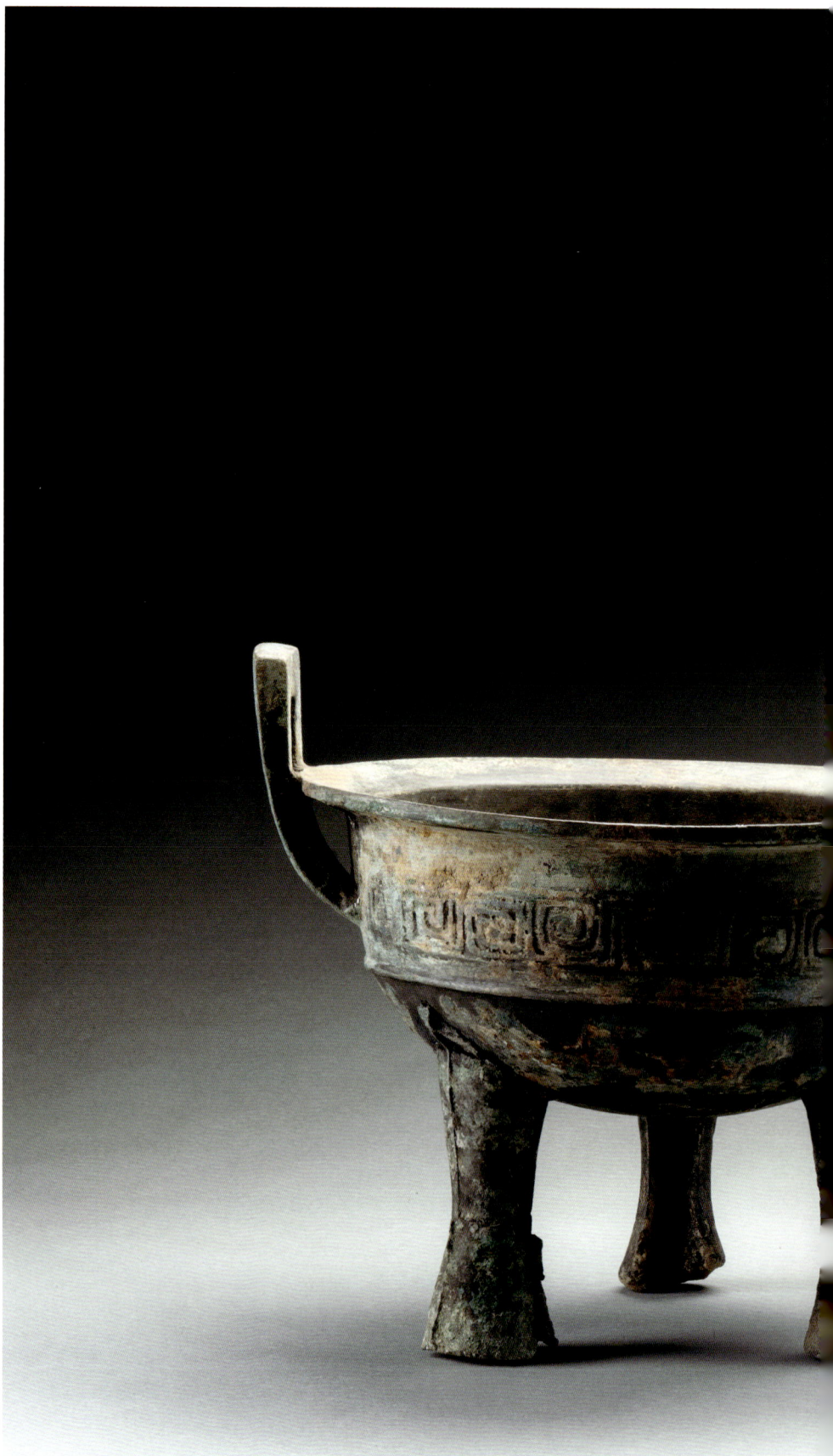

203

2016 康富威 M39 铜器组合

1923年，新郑李家楼郑公大墓青铜器的发现，给海内外学术界带来极大的震撼，至今依然是研究郑国历史和文化绕不开的材料。作为扎根新郑、专研郑国文物考古的工作者，我们时常在想，百年后的今天，我们该以怎样的方式纪念这次重要的发现呢？于是，经过多次讨论研究，我们决定将河南省文物考古研究院近二十年来在郑韩故城周围发现的铜器墓进行系统整理发表，希望通过新材料的刊布，推动对于郑国青铜器乃至社会历史信息的研究向更深更广的领域迈进，而呈现在读者面前的这本图录，即是我们此项整理工作的阶段性成果。

考古资料的发掘和整理，必须要团队分工协作方能完成，本图录的工作也不例外。考古发掘阶段，河南省文物考古研究院朱树政、郭亮、余洁、刘亚玲、常宏杰、孙春玲、游惠琴、蔡小红、沈永建、左二香、陈桂香、沈春荣、普康信、李强、石变、郭红民、樊功昌、王超然、贾蒙丽、王金嫱、张露露、王刘敏、王俊卫、张丽敏、高玉梅、王艳丽等人参加了墓葬发掘工作。整理阶段，河南省文物保护中心唐静、赵晟伟、河南省文物考古研究院左二香、姬鹏飞、董桂玲、刘恒、李晟昊等对残破的铜器进行了修复。刘宏昊、亢艳荣、河南省文物考古研究院牛花敏、赵健、姜凤玲、陈伟芳、邵意诚等制作了部分器物的线描图。河南省文物考古研究院沈新荣制作了部分器物的纹饰拓片。河南省文物考古研究院翟超完成了全部器物的拍照工作。武汉大学历史学院考古系硕士研究生苏春莲、王裕宁、刘晓菁等参与了部分器物的文字描述工作。河南省文物考古研究院樊温泉研究员、武汉大学历史学院特聘副研究员李龙俊全面筹划和主持了本图录的编撰出版工作。

本图录所涉考古资料的发掘、整理以及最终出版，得到了河南省文物局、河南省文物考古研究院、新郑市委市政府、新郑市旅游和文物局等众多单位的支持和指导。河南省文物考古研究院院长刘海旺研究员多次关心、询问图录的编撰出版进度，并帮助解决了出版经费问题。上海古籍出版社副社长吴长青、责任编辑姚明辉，为本图录的出版做了大量的协调、校对、编审工作。在此，我们一并对以上单位和个人表示诚挚的谢意！

由于本图录只是郑韩故城近二十年发掘铜器墓整理工作的阶段性成果，相关认识必然有不到位的地方，加之时间仓促，疏漏在所难免，恳请读者批评指正！

编者

2023年12月

图书在版编目 (CIP) 数据

郑风韩韵：郑韩故城近出东周青铜器精粹 / 河南省
文物考古研究院编著 . -- 上海：上海古籍出版社，
2023.12
ISBN 978-7-5732-0948-1

Ⅰ . ①郑… Ⅱ . ①河… Ⅲ . ①青铜器（考古）– 研究 –
新郑 – 东周时代 Ⅳ. ① K876.414

中国国家版本馆 CIP 数据核字 (2023) 第 216581 号

郑风韩韵

郑 韩 故 城 近 出 东 周 青 铜 器 精 粹

河南省文物考古研究院
武汉大学历史学院考古系　编著

上海古籍出版社出版发行

（上海市闵行区号景路 159 弄 1-5 号 A 座 5F　邮政编码 201101 ）

（1）网址：www.guji.com.cn
（2）E-mail: guji1@ guji.com.cn
（3）易文网网址：www.ewen.co

上海雅昌艺术印刷有限公司印刷

开本 889×1194　1/16　印张 27.75　插页 4
2023 年 12 月第 1 版　2023 年 12 月第 1 次印刷
ISBN 978-7-5732-0948-1

K·3510　定价：380.00 元
如有质量问题，请与承印公司联系